# Elizabeth C. Prophet & Mark L. Prophet

Saint Germain – Aus der Fülle schöpfen

W0067703

# SAINT GERMAIN

## AUS DER FÜLLE SCHÖPFEN

Elizabeth Clare Prophet
*mit* Mark L. Prophet

Aus dem Amerikanischen von Andrea Fischer

//////////////////// SILBERSCHNUR ////////////////////

Originaltitel: Creative Abundance – Keys to Spiritual and Material Prosperity *by Elizabeth Clare Prophet and Mark L. Prophet*

Contact:
Summit University Press
63 Summit Way, Gardiner, Montana 59030
Tel.: 406-848-9500 – Fax: 406-848-9555
E-mail: info@summituniversitypress.com
Website: http://www.summituniversitypress.com

ISBN: 987-3-89845-250-2

1. Auflage 2008        2. Auflage 2009        3. Auflage 2009

Übersetzung: Andrea Fischer
Gestaltung & Satz: XPresentation, Boppard
Druck: Finidr, s.r.o. Cesky Tesin

Verlag "Die Silberschnur" GmbH · Steinstr. 1 · 56593 Güllesheim
www.silberschnur.de · Email: info@silberschnur.de

# ᏆNHALT

*Hinweis*

Weil eine geschlechtsneutrale Ausdrucksweise bisweilen holprig wirkt und manchmal verwirrend sein kann, benutzen wir oft die Pronomen "er" und "ihn", wenn wir von Gott oder einer individuellen Person sprechen, sowie "man" oder "wir" für den Menschen im Allgemeinen. Diese Worte setzen wir nur zur besseren Lesbarkeit ein. Sie sollen nicht frauenfeindlich verstanden oder so interpretiert werden, dass Frauen oder der weibliche Aspekt Gottes von uns ignoriert werden, denn Gott vereint das Männliche und Weibliche in sich.

# EINFÜHRUNG

*L*eben aus der Fülle ist mehr als nur Geld haben. Fülle bezeichnet den Energiefluss, der sowohl als spiritueller als auch materieller Reichtum aus der kosmischen Quelle zu uns herabströmt. Fülle bedeutet Liebe und Weisheit, Talente und Fähigkeiten, Geld und materielle Besitztümer – all das, was wir benötigen, um unsere Lebensaufgabe zu erfüllen.

Die Energie sollte frei zu uns und durch uns strömen, damit wir Fülle materialisieren können. Wenn wir diesen Fluss der Fülle nicht erfahren, müssen wir uns fragen, warum.

Was in unserem Inneren oder in unserem Umfeld blockiert Fülle und Reichtum?

Was blockiert den Strom von Gottes Energie auf dem Weg zu uns?

Dieses Buch kann Ihnen helfen, Antworten auf diese Fragen zu finden. Es enthält die Schlüssel zu Wegen, um die spirituelle und materielle Fülle, die Sie brauchen, magnetisch anzuziehen. Diese Geheimschlüssel stammen aus dem tiefgründigen Schriftenfundus des

Meisters Saint Germain und aus Vorträgen, die ich gemeinsam mit meinem verstorbenen Ehemann Mark in den letzten 40 Jahren gehalten habe.

Saint Germain, ein Experte des spirituellen und körperlichen Wandlungsprozesses, der als Alchemie bekannt ist, schreibt: "Wie lange wollt ihr noch eure Energie darauf verschwenden, Mutter Natur mühsam die nackte Existenz abzuringen, die manchen in der Tat nackt erscheint, wenn doch all eure Bedürfnisse erfüllt werden können, indem ihr die kosmischen Gesetze meistert, wie es euch Jesus und andere große Lehrmeister selbst vorgelebt haben? Für euch ist alles möglich – genau wie für Gott auch."

Die Möglichkeiten, aus der Fülle zu schöpfen, sind unbegrenzt. Ich möchte Sie dazu anregen, diese zu ergründen, indem Sie die im Folgenden beschriebenen, einfachen Techniken in die Praxis umsetzen, um aus Ihrer persönlichen Alchemie der Fülle schöpfen zu können. Und bitte schicken Sie mir Ihre Erfolgsberichte – ich höre nur zu gern von Ihren "Siegen"!

*Elizabeth Clare Prophet*

# SEIEN SIE DANKBAR FÜR ALLES, WAS IHNEN WIDERFÄHRT

*"Es würde genügen, wenn ihr während eures ganzen Lebens nur ein einziges Wort zum Gebet sprecht: 'Danke'."*

Meister Eckhart

*"Es gibt das ungeschriebene geistige Gesetz, dass wir alles, was wir loben, automatisch mehren. Die gesamte Schöpfung steht in Resonanz mit Lobpreis und freut sich darüber."*

Charles Fillmore

Loben Sie Gott für die Freude und Schönheit seiner Schöpfung – die nicht zuletzt in der Schönheit Ihrer eigenen Seele widergespiegelt wird. Danken Sie Gott unaufhörlich dafür, dass Sie sind, wer Sie sind, und für das, was Sie besitzen – und Sie werden erleben, wie Ihre Fülle wächst.

## AFFIRMATIONEN:

"Hoch gelobt sei Gott!"
(Psalm 70,5)

"Der Herr sei hochgelobt, der seinem
Knechte wohl will."
(Psalm 35,27)

Seien Sie Gott dankbar für alles, was Ihnen widerfährt. Für alles – für die negativen Dinge, für die positiven Dinge, für Ihr Karma, für die Katastrophen im Leben – denn sie sind unsere Lehrmeister, sie sind Lektionen für uns. Und wenn Dinge schief laufen, so danken Sie Gott dafür, dass er sie schief laufen lässt, um Sie daran zu erinnern, dass Sie einige Kurskorrekturen vornehmen müssen, um auf Ihrem spirituellen Weg wieder weiter voranzukommen.

Wir alle befinden uns auf einem Pfad der Initiation. Die Erde ist eine Art Schule, an der wir unseren Abschluss erreichen sollen. Die Lektionen, die wir auf unserem Lebensweg lernen, 'liften' uns von einer Klassenstufe in die nächste.

Aber haben wir dennoch nicht alle schon einmal im Leben Situationen erlebt, in welchen wir nicht einen einzigen Grund fanden, um Gott zu loben? Es ist wichtig, dass Sie verstehen, dass alles, was auf Sie zukommt, sei es der Mars oder ein schwerer Lastwagen, Ihre Schwiegermutter oder Ihr Abteilungsleiter – eine Form von Energie ist, die Ihnen begegnet. Segnen Sie den Boten, der Ihnen dieses Energiebündel überbringt und nehmen Sie dann diese Energie aus ihrer offensichtlich schlechten Matrix heraus. Werten Sie sie auf und verwandeln Sie sie in etwas Positives.

Warten Sie nicht ab, bis Sie den vollen, endgültigen Sieg über die Herausforderungen des Lebens errungen haben, um sich glücklich zu fühlen, sich zu freuen, das Leben zu loben und zu segnen. Gott täglich zu loben und Dankbarkeit zu zeigen ist für Ihre Seele ein Schlüssel zum Sieg.

## AFFIRMATIONEN:

"Herr, ich danke dir für die Fülle, die mich umgibt."

"Im Namen des ICH BIN DER ICH BIN mehre ich am heutigen Tag alles, was ich habe, das von Gott kommt - durch Liebe, durch Lob, durch Dankbarkeit!"

Preisen Sie Gott in jedem Menschen, dem Sie begegnen. Versuchen Sie, jedem, dem Sie begegnen, einen positiven Impuls zu geben. Erteilen Sie sich selbst die Anweisung, in jedem Menschen, dem Sie begegnen, etwas Wundervolles zu entdecken - und sagen Sie ihm dies dann. Dieses bisschen Etwas ist vielleicht genau der kleine Anstoß, den dieser Mensch braucht, um ihn aus seinem Tief zu reißen oder sein

Gefühl zu zerstreuen, dass er in Wirklichkeit gar nichts Besonderes an sich hat. **Jeder** hat irgendetwas Besonderes an sich – und Sie können ihm dabei helfen, es zu entdecken.

"Heute, oh Herr, werde ich jedem Menschen, den du mir über den Weg schickst, einen positiven Impuls geben."

Wenn Sie diesen Vorsatz vor Gott aussprechen, wird die ganze Welt vor Ihrer Tür Schlange stehen, denn es gibt so viele Menschen, die diesen positiven Impuls brauchen.

# VERGEBEN SIE SICH SELBST

*"Sich selbst zu verzeihen ist wie eine großartige Neugeburt – es ist der Zustand, der aus unserem Willen entsteht, uns alle ohne Vorurteile so anzunehmen, wie wir sind, unsere scheinbaren Schwächen ebenso wie den uns angeborenen Glanz."*

Robin Casarjian

Ab und zu begegnen mir Menschen, die sagen: "Ich kann mir einfach diese schreckliche Sache nicht verzeihen, die ich da begangen habe." Es geht sogar so weit, dass sie sagen: "Ich weiß, dass Gott mir vergeben hat. Doch ich kann mir einfach selbst nicht verzeihen."

Wenn Sie glauben, etwas Unverzeihliches begangen zu haben oder das Kapital eines anderen missbraucht oder Geld unüberlegt ausgegeben zu haben, zögern Sie bitte nicht, sich an Gott zu wenden, ihn um Vergebung zu bitten und bereit zu sein, die Dinge wieder in Ordnung zu bringen.

Wenn wir nicht um Vergebung bitten oder diese nicht annehmen können, bedeutet dies in Wirklichkeit, dass wir zu stolz sind, ein Geschenk Gottes anzunehmen. Wir möchten es alles allein schaffen. Doch in Wirklichkeit brauchen wir alle Gott.

Vielleicht haben Sie egoistisch oder aus einem Verlangen nach materiellen Dingen heraus gehandelt, die Sie nicht wirklich benötigen. Es ist ganz egal. Laufen Sie nicht mit Schuldgefühlen herum und denken Sie nicht: "Ich bin verschuldet. Wehe mir, dass ich diese Dinge gekauft habe, die ich gar nicht brauche. Ich habe unklug investiert. Ich habe das Geld verschwendet, das Gott mir gegeben hat. Nun schaut euch das Durcheinander an, das ich aus meinem Leben gemacht habe."

Wie auch immer die Bescherung aussehen mag, die Sie mit Ihren Finanzen angerichtet haben – nehmen Sie Gottes Vergebung an, erklären Sie, wie würdig Gott ist, und dass Sie das Spiegelbild Gottes sind.

## Affirmation:

"Im Namen der ICH BIN-Gegenwart
verkünde ich Gottes Würde und
die Würde meines Selbsts als das
Spiegelbild Gottes!"

Vergessen Sie nicht: Sie sind nach dem Eben-
bild Gottes geschaffen. Ihre Seele soll ein riesiger
Spiegel Gottes sein. Achten Sie darauf, dass der
Spiegel immer blank poliert ist. Schauen Sie in den
Spiegel und erblicken Sie Gottes Gesicht, das Ih-
nen entgegenlächelt – und erwidern Sie dieses
Lächeln.

Immer dann, wenn etwas den Spiegel zu trüben
droht, empfinden Sie Ungerechtigkeit, ärgern Sie
sich, taucht etwas unerwartet aus Ihrem Unterbewusstsein auf – denken Sie daran, den Spiegel un-
ablässig wieder blank zu polieren, damit Sie zu einem
noch perfekteren Spiegelbild Gottes werden.

Sprechen Sie zu jeder Kraft in Ihrem Innern oder auch im Außen, die an Ihnen herumnörgelt und versucht, Sie nach unten zu ziehen, und sagen Sie:

"Mein Gott hat mir vergeben. Ich nehme diese Vergebung an und vergebe mir selbst. Ich bin so dankbar, dass Gott mir eine weitere Möglichkeit geschenkt hat, alle Untaten zu vergeben, die man mir jemals angetan hat oder mir jemals antun wird!"

## AFFIRMATION:

ICH BIN die hier wirkende Vergebung,
die alle Zweifel und Furcht austreibt
und die Menschen für immer befreit,
mit Flügeln des kosmischen Sieges.

ICH BIN der Ruf in voller Kraft,
der stündlich um Vergebung bittet.
An alles Leben allerorts
verströme ich verzeihende Gnade.

(Dreimal oder jeweils um ein Vielfaches
von drei wiederholen.)

I AM forgiveness acting here,
Casting out all doubt and fear,
Setting men forever free
With wings of cosmic victory.

I AM calling in full power
For forgiveness every hour;
To all life in every place
I flood forth forgiving grace.

# LASSEN SIE IHRE ÄNGSTE LOS

*"Fürchte weniger, hoffe mehr.*
*Iss' weniger, kaue mehr.*
*Jammere weniger, atme mehr.*
*Rede weniger, sage mehr.*
*Hasse weniger, liebe mehr –*
*und alles Gute ist dein."*

Schwedisches Sprichwort

*"Die Angst muss weichen. Sie muss durch*
*den Glauben und das feste Vertrauen*
*in die Erfüllung des göttlichen Planes*
*ersetzt werden."*

Saint Germain

Saint Germain erklärt uns, dass Angst ein
großer Hinderungsfaktor für uns ist, wenn es darum
geht, das, was wir brauchen, zu manifestieren, d.h.
in die physische Wirklichkeit zu holen. Wir können
nicht als reiner Kanal für den Strom der spirituellen

und materiellen Fülle in unserem Leben fungieren, solange wir die Angst nicht aufgegeben haben.

Ich bin fest davon überzeugt: Wenn Gott etwas hat, dann können wir es auch bekommen! Denn Jesus sagte: "Fürchtet euch nicht, kleine Schafherde, denn es ist Gottes größte Freude, euch das Himmelreich zu schenken." Wenn wir Zweifel oder Ängste hegen, können wir das Himmelreich Gottes - d.h. das Bewusstsein Gottes - bzw. seine Fülle aber nicht erlangen.

Saint Germain sagt, dass es eine Illusion ist zu glauben, dass die Zukunft uns etwas bringen wird, was für uns heute unerreichbar ist. "Das Leben ist voller Fülle - hier, jetzt und auf ewig", sagt er. "Wo auch immer ihr seid, ihr müsst diese nur anzapfen."

In den Schriften der Meister, die Helena Roerich niedergeschrieben hat, erfahren wir Folgendes: "Von allen zerstörerischen Energien sollte man die Schwingung der Angst besonders im Auge behalten, denn die Angst kann jegliche kreative Schwingung zerstören ... Die Manifestation der Angst ist ein Hindernis für jedes Unterfangen."

Wie viele kreative Schwingungen haben Sie täglich? Sie haben Milliarden davon, denn jeder Energietropfen, der von Gott zu Ihnen hinunterkommt, ist eine kreative Schwingung. Es sind endlose Lichtstrahlen, die den

Strom des universellen Bewusstseins ausmachen. Sie sind das kreative Schöpferpotenzial.

Angst aber zerstört unzählbare Möglichkeiten, denn wenn wir in irgendeinem Bereich unserer Welt Angst verspüren, leugnen wir die Kraft der kreativen Schwingungen, die uns zuströmen.

Anstatt dass wir diese Schwingungen freier durch uns hindurchfließen lassen und diese gemäß den positiven Mustern anordnen, die Gott für uns entworfen hat, verursacht Ängstlichkeit, dass diese Energie die Muster unserer Ängste und Sorgen annimmt. Wie wir bei Hiob erfahren: "Was ich sehr fürchtete, kam über mich, und das, wovor ich Angst hatte, befiel mich."

Wenn Sie darüber nachdenken, so bedeutet Angst im Grunde, dass wir daran zweifeln, dass unser Schöpfer uns mit dem versorgen kann, was wir brauchen. Doch wir wissen, dass Gott über eine unbegrenzte Energiequelle verfügt, und dass wir Zugang zu dieser Energie haben. Der Meister des Tao, Chuang Tzu, lehrte: "Der weise Mann kennt den Weg zum 'Schatzhaus im Himmel', wie die Alten es nannten. Wir können etwas hineingießen, und es wird niemals voll werden. Wir können es anzapfen, und es wird niemals leer werden."

Haben Sie jemals einen Meister erlebt, der sich ständig Sorgen um alles macht? Die großen Meister des Ostens und Westens haben diesen großartigen Schlüssel entdeckt, wie man aus der Fülle schöpfen kann: Manchmal müssen wir einfach ein Stück zur Seite rücken, damit Gott durch die Tür passt! "Gott erwartet von dir nur eines", sagte der christliche Mystiker Meister Eckhart, "und das ist, dass du aus dir heraus kommen solltest – und Gott den 'Gott in dir' sein lässt."

Sie können einfache Affirmationen einsetzen, um sich vom Zweifel und von der Angst zu befreien, die Sie dabei blockieren, aus der Fülle zu schöpfen. Visualisieren Sie, während Sie diese Affirmationen sprechen, dass Sie in Ihren ausgestreckten Händen das halten, worum Sie Gott bitten, dass er es Ihnen schenken möge – sei es ein neuer Arbeitsplatz, Weisheit oder das Geld, das Sie für ein Studium brauchen.

Sehen Sie vor Ihrem geistigen Auge, wie violette und grüne spirituelle Flammen um Sie herum auflodern. Die violette Flamme, eine spirituelle Energie mit hoher Frequenz, ist die Flamme der Verwandlung, die die Ursachen auflösen kann, die unseren Ängsten zugrunde liegen.[1]

Sie können auch eine leuchtend weiße Flamme visualisieren, die grün angehaucht ist. Sie ist als "Flamme der Furchtlosigkeit"* bekannt. Sehen Sie vor sich, wie sie alle Gefühle von Zweifel und Angst, Düsternis und Verderben durchdringt. Sehen Sie, während Sie die folgenden Affirmationen rezitieren, wie die Phantome der Angst und des Zweifels Ihre Aura verlassen, während die Flammen rings um Sie herum auflodern.

## AFFIRMATIONEN:

ICH BIN ein Wesen des violetten Feuers!
ICH BIN die Reinheit, die Gott wünscht!


I AM a being of violet fire!
I AM the purity God desires!

ICH BIN frei von Angst und Zweifel,
treib' Verlangen und Elend aus
und weiß nun, dass alle guten Gaben
immer aus den Himmelsreichen kommen.

---

\* Die grüne Flamme ist die Flamme der Fülle.

ICH BIN die Hand von Gottes eigenem
Vermögen,
die ausströmen lässt die Schätze des Lichts.
Ich empfange nun die ganze Fülle,
um jedes Bedürfnis im Leben zu stillen.

(Dreimal oder um ein Vielfaches
von drei wiederholen.)


I AM free from fear and doubt,
Casting want and misery out,
Knowing now all good supply
Ever comes from realms on high.

I AM the hand of God's own fortune
Flooding forth the treasures of light,
Now receiving full abundance
To supply each need of life.

## Entfachen Sie Ihren Glauben neu

*"Die Angst klopfte an die Tür. Der Glaube antwortete. Niemand war da."*

Inschrift in der Fassade des
Hinds' Head Hotel, England

$\mathcal{D}$er Glaube hebt die Angst auf wie ein Antidot. Der Glaube ist die Matrix – das Muster – der Dinge, die wir manifestieren. Daher ist der Glaube auch so wichtig. Verlieren wir unseren Glauben oder unsere Vision, so beginnt das Fundament unseres kreativen Bestrebens zu bröckeln.

Glauben Sie daran, dass alles, was Sie als Teil Ihrer persönlichen Alchemie für die Fülle vor Gott bringen, so lange bearbeitet werden wird, bis es perfekt ist. Warten Sie es ab.

Für viele Menschen ist das Warten auf die Erfüllung des Versprechens ihr größter Test. Oft werden sie auch entmutigt und geben auf, kurz bevor Gott ihre Gebete beantworten wollte.

Der Apostel Jakobus erklärt uns, dass Geduld und Glaube Hand in Hand miteinander einhergehen. Er schreibt:

> "Die Geduld aber soll festbleiben bis ans Ende, auf dass ihr seid vollkommen und ganz und keinen Mangel habet.
> So aber jemand unter euch Weisheit mangelt, der bitte Gott, der da gibt einfältig jedermann und rücket's niemand auf, so wird sie ihm gegeben werden. [sic!]"
>
> (Brief des Jakobus 1, 3-5)

Mit anderen Worten: Wenn wir geduldig sind, werden wir "ganz" sein, erfüllt, eins, ohne offene Wünsche. Gott beschenkt uns freigiebig und tadelt uns nicht dafür, dass wir ihn um die reichen Geschenke seiner Liebe bitten. Bitten Sie ihn aber weise und richtig, denn die Gaben und Reichtümer des Geistes sind die Gaben, die wir vor allem anderen erstreben sollten. Jakobus spricht weiter:

> "Er bitte aber im Glauben und zweifle nicht; denn wer da zweifelt, der ist gleich wie die Meereswoge, die vom Winde getrieben und gewebt wird.

Solcher Mensch denke nicht, dass er
etwas von dem Herrn empfangen werde.
Ein Zweifler ist unbeständig in allen
seinen Wegen."

(Brief des Jakobus 1, 6-8)

Haben Sie im einen Moment Vertrauen und im
nächsten Zweifel? Das bedeutet Wankelmut. Wankelmut kann die Matrix Ihrer Pläne jederzeit erschüt-
tern. Im Folgenden finden Sie einige Affirmationen,
die Sie in solchen Momenten des Zweifels einsetzen
können, um Ihren Glauben daran neu zu entfachen,
dass Gott Ihnen jedes Bedürfnis erfüllen wird.

## AFFIRMATIONEN:

"Bewahre mich, Gott, denn ich
vertraue auf dich!"
(Psalm 16,1)

"Oh Gott, du bist meine unendliche,
überschäumende Versorgungsquelle!"

Oh liebster Michael,
Erzengel des Glaubens,
versiegele du mein Leben mit
deinem Schutze.
Lass' jeden Tag meinen Glauben
daran wachsen,
dass Gott im Leben
das einzig Wahre ist.


O dearest Michael,
Archangel of Faith,
Around my life protection seal;
Let each new day my faith increase
That God in life is all that's real.

Vor Jahren hat uns Mark Prophet eine Formel für Fülle gegeben. Er lehrte uns, diese dreimal am Tag fünf Minuten lang ununterbrochen zu wiederholen: Rezitieren Sie dreimal: "ICH BIN! ICH BIN! ICH BIN! die Wiederauferstehung und das Leben meiner Finanzen", gefolgt von: "... die sich jetzt und heute in meinen Händen und zu meiner Verwendung manifestiert haben!"

"Visualisiert", so sagte er, "wenn ihr diese Affirmation sprecht, in euren Händen die gewünschte Fülle oder die Geldsumme, die ihr braucht. Wiederholt diese Übung im vollen Vertrauen auf das Licht Gottes, das niemals versagt, bis sich Ergebnisse einstellen.

Achtet darauf, dass ihr eure Bitte dem Willen Gottes unterwerft, so dass eure Motivation ausschließlich darin besteht, allem Leben zu dienen und es zu segnen, und dass ihr auch willens seid, euch aktiv daran zu machen und eure eigenen Versorgungsgüter für euch zu manifestieren."

## Affirmationen:

"ICH BIN! ICH BIN! ICH BIN die
Wiederauferstehung und das Leben
meiner Finanzen,"
(dreimal wiederholen)

"die sich jetzt in meinen Händen
manifestieren und von denen heute
Gebrauch gemacht wird!"

"ICH BIN! ICH BIN! ICH BIN! die Auferstehung und das Leben meiner Finanzen und der Wirtschaft _____
*(fügen Sie hier den Namen Ihres Landes ein),*"
(dreimal wiederholen)

"die sich jetzt in meinen Händen manifestieren und von denen heute Gebrauch gemacht wird!"

# VISUALISIERUNGEN

*"Die Aufmerksamkeit ist der Schlüssel. Denn worauf der Mensch seine Aufmerksamkeit richtet, dorthin geht seine Energie, und er selbst kann ihr nur folgen."*

Saint Germain

$\mathcal{W}$ir sollten unsere Experimente mit der Fülle stets beginnen, indem wir eine Blaupause von genau dem, was wir in unserem Leben erfahren möchten, erstellen und diese dann wiederholt visualisieren. "Visualisierungen sind wichtig", sagt Saint Germain. "Ohne sie wird gar nichts in Erscheinung treten."

Wenn ihr mehr Vitalität wünscht, müsst ihr visualisieren, wie ihr selbst diese Vitalität bereits besitzt – wie eure Muskeln mit Gottes Energie strotzen, wie euer Verstand vor lebendigen Ideen sprüht und mit Leben, Licht und Liebe erfüllt ist", sagt er. "Ihr müsst spüren und wissen, dass die Energien Gottes durch eure Fingerspitzen und Zehen fließen und die Glut einer blühenden Gesundheit und eines sich wandelnden Befindens in den Kosmos entlassen.

Wenn ihr mit dieser Übung fortschreitet, werdet ihr ohne weiteres Zutun von eurer Seite einen wohltuenden Effekt auf die Menschen ausüben, mit welchen ihr in Kontakt tretet. Ihr müsst jedoch sehr vorsichtig sein und darauf achten, dass ihr für diesen Dienst keine Anerkennung erstrebt. 'Sonst werdet ihr keinen Lohn vom Vater im Himmel erhalten', wie es in der Bibel heißt."

Ich habe entdeckt, dass wir die Effektivität unserer Gebete und Meditationen optimieren können, indem wir die Kraft unserer inneren Vision einsetzen. Bei meinen Gebeten schließe ich immer bewegte Bilder dessen ein, wofür ich bete.

Versuchen Sie, bei Ihren täglichen Gebeten und Meditationen das gewünschte Resultat Ihrer Gebete wie auf einer Kinoleinwand zu visualisieren. Sehen Sie, wie sich vor Ihren Augen abspielt, was Sie in jedem Bereich Ihres Lebens erreichen müssen, u.a. in Bezug auf Ihre Karriere, Ihre Bildung, Ihre Familie, Ihr Zuhause, Ihre Gesundheit, Ihre Beziehungen und Ihre Spiritualität.

Visualisieren Sie, wie sich schwierige Situationen auflösen. Wenn Sie bei Ihren Gebeten mit einem speziellen Meister oder Engel arbeiten, so stellen Sie sich vor, wie er oder sie sich für Sie einsetzt. Visualisieren Sie, wie die violette Flamme alle Hindernisse verschlingt, die Ihrer spirituellen und materiellen Fülle im Wege stehen – sei es, dass diese Hindernisse die Form von ungedeckten Schecks, Beziehungsproblemen oder Enttäuschungen annehmen.

Seien Sie bei Ihren Visualisierungen so spezifisch wie möglich – und haben Sie Spaß dabei. Je zentrierter, konzentrierter und kreativer Sie sind, desto besser werden Ihre Ergebnisse sein.

## SETZEN SIE DAS WISSEN VON DER MAKELLOSEN MATRIX IN DIE TAT UM

*"Wir sind das Ergebnis unserer Ge-*
*danken."*

*Gautama Buddha*

*"Die wahre Entdeckungsreise besteht*
*nicht darin, neue Landschaften zu su-*
*chen, sondern die Welt mit neuen Au-*
*gen zu sehen."*

*Marcel Proust*

*E*in weiterer Schlüssel auf dem Weg zur Fülle
besteht darin, das Wissen von der makellosen Matrix umzusetzen. Die makellose Matrix ist die reine
Vorstellung oder das reine Bild des Potenzials der
Seele. Die makellose Matrix umzusetzen bedeutet,
die höchste Vision des Guten für uns selbst und andere vor unserem geistigen Auge zu haben.

Mutter Maria hat mich gelehrt, dass das Konzept
des Wissens von der makellosen Matrix auf der

Visualisierung einer perfekten Idee basiert, die dann zum Magneten wird, der die Schöpferkräfte des Geistes auf uns zieht, um das Muster zu erfüllen, das wir im Kopf haben. Sie sagt: Wenn wir in Gedanken immer mit dem Bild des großartigen spirituellen Wesens verankert bleiben, das wir sind, stößt dieses Bild wie ein Schutzschild all das ab, was der Manifestation unserer Wirklichkeit entgegensteht.

Welches Bild von sich haben Sie im Kopf?

Nehmen Sie sich die Zeit, sich diese Frage zu stellen und schreiben Sie auf, was Ihnen in den Sinn kommt. Seien Sie ehrlich, denn nur Sie selbst werden dieses Zeugnis zu sehen bekommen.

Wenn Sie eine Menge Eigenschaften auflisten, die nicht positiv sind, erkennen Sie bitte, dass Sie dieses wenig positive Selbstbild auf sich ziehen – da Sie sich jeden Tag Ihres Lebens so schaffen, wie Sie sind. Welches Bild auch immer Sie von sich visualisieren, wird für Sie Wirklichkeit werden.

Sehen Sie nur Ihre Fehler und Schwächen, oder sehen Sie auch die Schönheit in Ihrem Herzen?

Sehen Sie sich selbst so, wie Sie glauben, dass andere Sie sehen, oder sehen Sie sich selbst als Seele und Geist mit einem unermesslichen Potenzial?

Das Feedback von Mitmenschen ist wichtig, da wir nicht immer erkennen, wie wir bei anderen Menschen ankommen. Wie der schottische Dichter Robert Burns schrieb: "Oh welch' Kraft steckt in der Gab', uns so zu sehen, wie andere es tun!" Es ist wahrhaftig eine Gabe, wenn wir imstande sind, uns durch die Augen eines anderen Menschen zu betrachten. Wir erweisen uns selbst jedoch auch keinen Dienst, wenn wir uns nur von außen betrachten.

Es gibt einen Mittelweg. Dieser Mittelweg besteht darin, unsere Seele zu sehen, wie sie das Bild des inneren Christus und inneren Buddha in uns reflektiert. Es ist wichtig, dass Sie nicht nur mit dem Selbstbild herumlaufen, wer Sie gerade sind, sondern auch mit dem Bild Ihres göttlichen Selbst, einem Spiegelbild Gottes.

Jesus befahl uns: "Seid daher perfekt, so wie euer Vater im Himmel perfekt ist." Ein Teil in uns erkennt, dass wir ein spirituelles Wesen sind, zu dem wir jeden Tag mehr werden können. In uns gibt es aber auch einen Teil – das innere Kind, das so viele Male verwundet oder verletzt wurde – dem das Selbstwertgefühl fehlt und der dazu neigt, die spirituelle Flamme abzuwerten, die tief in uns am Werk ist.

Wenn Sie bestrebt sind, Ihr empfindsames inneres Kind zu verstehen, zu heilen und für es einzustehen, können Sie das Potenzial Ihrer leuchtenden Seele mit folgenden oder auch anderen, von Ihnen selbst formulierten Affirmationen bekräftigen:

## AFFIRMATIONEN:

"Oh Herr, ICH BIN perfekt, so wie
mein Vater im Himmel perfekt ist!"

"ICH BIN, ICH BIN der,
der alles betrachtet,
mein Auge ist eins, wenn ich
dich anrufe.
Erhöhe mich nun und befreie mich,
auf dass ich jetzt zu deinem heiligen
Ebenbild werde."

I AM, I AM beholding All,
Mine eye is single as I call;
Raise me now and set me free,
Thy holy image now to be.

"ICH BIN Gottes Perfektion
manifestiert
in Körper, Geist und Seele –
ICH BIN die Richtung,
in die Gottes Kraft fließt,
um mich zu heilen und
ganz zu machen!"

I AM God's perfection manifest
In body, mind and soul –
I AM God's direction flowing,
To heal and make me whole!

"ICH BIN das perfekte Ebenbild
Gottes:
Mein Körper ist mit Liebe aufgeladen.
Lass' Schatten nun weichen.

Sei gesegnet von der Taube des
Trostes!"

I AM God's perfect image:
My form is charged by love;
Let shadows now diminish,
Be blessed by Comfort's Dove!

Das Aufrechterhalten der makellosen Matrix für sich – und alle Menschen in Ihrem Umfeld – ist eine spirituelle Wissenschaft, die Ihr Leben und Ihre Beziehungen verwandeln kann. Es ist die wahre Bedeutung davon, seines Bruders Hüter zu sein.

"Welch große Hilfe wir füreinander sein können, wenn wir die makellose Matrix für den Lebensplan von jedem von uns aufrechterhalten", sagt Saint Germain. "Lasst uns alle, wenn wir uns um unsere Brüder und Schwestern kümmern, die höchsten und besten Möglichkeiten für jeden sehen."

Meister El Morya schrieb folgendes Gebet, um uns zu helfen, die makellose Matrix für uns und andere einzusetzen. Jedes Mal, wenn Sie bei diesem Gebet

"ICH BIN" sagen, beziehen Sie sich auf Ihr göttliches Selbst und bekräftigen damit eigentlich "Gott in mir ist ...".

## GEBET:

"Im Namen meiner eigenen geliebten
ICH BIN-Gegenwart spreche ich
folgendes Dekret:

Oh, 'ICH BIN Auge' in meiner Seele,
hilf mir, so zu sehen wie du.
Möge ich den perfekten Plan schauen,
dessen Kraft alle befreit.

Keine Doppelsichtigkeit trübt
meine Sicht,
der Weg ist rein und klar.
ICH BIN der Seher des Lichts,
der Christus aller erscheint.

ICH BIN das Auge, das Gott benutzt,
um den göttlichen Plan zu sehen.

Und hier auf Erden wähl' ich
seinen Weg,
sein Konzept mache ich zu
dem meinen.
Oh liebender Christus,
oh lebendiges Licht,
hilf mir, dein Vertrauen zu bewahren.
ICH BIN dein ewig richtiges
Konzept,
daher muss ich so sehen wie du."


O "I AM Eye" within my soul,
Help me to see like thee;
May I behold the perfect plan
Whose power sets all free.
No double vision fills my sight,
The way is pure and clear;
I AM the viewer of the Light,
The Christ of all appears.


I AM the eye that God does use
To see the plan divine;
Right here on earth his way I choose,
His concept I make mine.

O loving Christ, o living Light,
Help me to keep thy trust;
I AM thy concept ever right
So see like thee I must.

## REINIGEN SIE IHR UNTERBEWUSSTSEIN

*"In dem, der ganz von sich selbst er-*
*füllt ist, ist kein Platz für Gott."*

*Hasidisches Sprichwort*

Einige Menschen praktizieren die Schlüssel zur Fülle gewissenhaft und erhalten dennoch nicht die gewünschten Resultate. Sie klettern bis zu einer bestimmten Höhe - und stoßen sich dann den Kopf an der Decke an. Warum? Weil sie ihr Unterbewusstsein nicht gereinigt und Gott nicht eingeladen haben, an ihrem Plan teilzuhaben.

Angenommen, Sie beschließen, folgenden Spruch als Affirmation zu rezitieren und daran zu glauben: "ICH BIN ein erfolgreicher _____" - und Sie füllen die Lücke selbst aus. Haben Sie sich selbst jedoch schon seit zwanzig Jahren oder auch zwanzig Leben vorgesagt, dass Sie ein Versager sind, so bedarf es einer gewissen Überzeugungskraft, denn Ihr Unterbewusstsein wird sagen: "Das glaube ich dir nicht."

Unser Unterbewusstsein ist wie ein Aufnahmegerät. Es speichert alle Eindrücke, die wir in unserem Leben und in unseren früheren Leben in uns aufgesogen haben – die guten ebenso wie die schlechten. Und zu unserem Leidwesen gehören dazu auch die negativen Kommentare, die wir über uns selbst gehört und geglaubt haben.

Jedes Mal, wenn Sie etwas Negatives über sich selbst denken, jedes Mal, wenn jemand Sie kritisiert oder einschüchtert, speichert Ihr Unterbewusstsein dieses Erlebnis. Manchmal merken wir gar nicht, wie stark uns die Gedanken oder Worte eines anderen Menschen beeinflusst haben, besonders die der Eltern, Geschwister oder von Autoritätspersonen. Diese negativen Kommentare sind Zeitbomben, die unsere Fülle unterminieren können.

Nur zu oft schränken wir uns beispielsweise selbst in unseren gegenwärtigen Lebensumständen ein – in Bezug auf unseren Arbeitsplatz, unser Einkommen, unser Bildungsniveau, unseren IQ – und das, was wir unserer Einschätzung nach leisten können. Wir sagen uns selbst: "Mein Einkommen beträgt die und die Höhe. Ich bin so und so hoch sozialversichert. Meine Arbeit wirft so und so viel Gewinn ab, also kann ich innerhalb von zehn Jahren so und so weit kommen."

Wir haben unser eigenes Licht selbst so sehr unter den Scheffel gestellt und uns so sehr selbst in diese Schubladen gezwängt, dass wir den Aspekt der Fülle bei der Seele völlig ausgeklammert haben. In den höchsten Dimensionen des Geistes kennt unsere Seele jedoch keine Grenzen – und sie will auch von der Tyrannei der negativen Programmierungen des Unterbewusstseins befreit werden.

Unser Unterbewusstsein speichert nicht nur negative Eindrücke, sondern spult die Aufnahmen aus der Vergangenheit auch immer wieder ab, wie ein Rekorder, bei dem man auf die "Replay"-Taste gedrückt hat. Es erfordert harte Arbeit, diese "Aufnahmen" wieder zu löschen. Womöglich benötigen wir die Anleitung durch einen geschulten Psychologen, der uns helfen kann, die Schmerzen unseres verwundeten inneren Kindes zu heilen.

Es kann auch erforderlich sein, dass wir unser Unterbewusstsein mit positiven Botschaften umprogrammieren müssen. Genau darum geht es bei den positiven Affirmationen – die natürliche Schönheit und das positive Potenzial unserer Seele zu bekräftigen.

Doch welche Schritte wir auch immer tun, wir können unsere Heilung beschleunigen, wenn wir sie mit spiritueller Arbeit unterstützen. Ich habe die besten Erfolge bei der Reinigung des Unterbewusstseins von negativen Speicherdaten erzielt, indem ich Mantren und Affirmationen mit der violetten Flamme eingesetzt habe.

Bitten Sie Ihr Höheres Selbst, die violette Flamme auf die spezifischen Gedanken, Taten und Worte zu richten, die die negativen Speicherdaten in Ihrem Unterbewusstsein verursacht haben. Visualisieren Sie, wie die violette Flamme diese gespeicherten Aufnahmen buchstäblich der Reihe nach verbrennt.

Ein weiterer Schlüssel zur Arbeit mit Ihrem Unterbewusstsein besteht darin, Ihr göttliches Selbst zu bitten, die Herrschaft über die vier Komponenten unseres Geistes zu übernehmen: über das Unterbewusstsein, den bewussten Verstand, den unbewussten Verstand und das Überbewusstsein.

Dadurch versiegeln wir unser Unterbewusstsein und unseren unbewussten Verstand, so dass diese nicht mehr Tyrannen über unsere Seele werden können. Außerdem ermächtigen wir unser göttliches Selbst dazu, positive Energien und Impulse im Unterbewusstsein und im unbewussten Verstand zu erzeugen.

Was sind dies für vier Abteilungen des Geistes? Das Überbewusstsein ist der Geist der unbegrenzten

Intelligenz in uns, der allwissende Geist Gottes, der durch unser Höchstes Selbst wirkt. Der bewusste Verstand ist der rationale Verstand.

Spirituell ausgedrückt entspricht das Unterbewusstsein unseren Wünschen – und daher ist es so einflussreich. Dieser kraftvolle Energiespeicher lässt Ihre Wünsche Wirklichkeit werden, wie auch immer diese geartet sein mögen.

Ist das Unterbewusstsein verschmutzt, so kann es uns unberechenbaren Schaden zufügen. Ist es gereinigt und funktioniert es in gesunder Manier, so fungiert das Unterbewusstsein wie ein elastisches Trampolin und katapultiert unsere höchsten Wunschziele in die Wirklichkeit.

Der unbewusste Verstand ist die tiefste Ebene unseres Seins und kann große Macht auf uns ausüben, obgleich es unserer Wahrnehmung nicht direkt zugänglich ist.

Freud sagte, der unbewusste Verstand umfasst unsere Wünsche und Impulse höchster Priorität sowie die Erinnerungen und Triebe, derer wir uns nicht mehr bewusst sind, die jedoch dramatische Auswirkungen auf unsere Gedanken und Handlungen haben können. Der unbewusste Verstand beinhaltet die Extreme "Gut und Böse" im Absoluten.

Sie können die einzelnen Bereiche Ihres Geistes versiegeln, indem Sie Ihre ICH BIN-Gegenwart anweisen, Ihren unbewussten Verstand und Ihr Überbewusstsein in Besitz und unter Kontrolle zu nehmen und Ihr heiliges Christusselbst anweisen, Ihr Unterbewusstsein und Ihren bewussten Verstand in Besitz und unter Kontrolle zu nehmen.

Die ICH BIN-Gegenwart ist der Teil Ihres spirituellen Selbst, der die absolute Perfektion Ihrer göttlichen Realität darstellt. Es ist die persönliche Gegenwart des Geistes, der in Ihnen wohnt. Ihr heiliges Christusselbst ist der Mittler zwischen Ihnen und Ihrer ICH BIN-Gegenwart. Das heilige Christusselbst, auch unter der Bezeichnung "Höheres Selbst" bekannt, ist Ihr innerer Lehrer und die Stimme Ihres Gewissens.

Wenn wir die verschiedenen Ebenen unseres Geistes unter die Herrschaft unserer ICH BIN-Gegenwart und unseres heiligen Christusselbst stellen und dies mit der notwendigen spirituellen und psychologischen Arbeit begleiten, werden diese dynamischen Komponenten unseres Wesens nur Gutes hervorbringen.

# GEBET:

"Oh mächtige ICH BIN-Gegenwart,
trete nun in mein Überbewusstsein und
meinen unbewussten Verstand ein und
ergreife Besitz und Kontrolle über sie!

Oh heiliges Christusselbst, trete nun
in meinen bewussten Verstand und
mein Unterbewusstsein ein und
ergreife Besitz und Kontrolle über sie!"

Wenn Sie dieses Gebet gesprochen haben (am besten einmal pro Tag), können Sie Ihre eigenen kreativen Affirmationen zu spiritueller und materieller Fülle rezitieren. Es ist gut, wenn Sie Ihre Affirmationen für jeden Teil des Geistes extra sprechen, wie im folgenden Beispiel.

## AFFIRMATIONEN:

"Im Namen meiner ICH BIN-Gegen-
wart und meines heiligen Christusselbst,
ICH BIN die perfekte Fülle in meinem
Überbewusstsein!

Im Namen meiner ICH BIN-Gegenwart und meines heiligen Christusselbst,
ICH BIN die perfekte Fülle in meinem bewussten Verstand!

Im Namen meiner ICH BIN-Gegenwart und meines heiligen Christusselbst,
ICH BIN die perfekte Fülle in meinem Unterbewusstsein!

Im Namen meiner ICH BIN-Gegenwart und meines heiligen Christusselbst,
ICH BIN die perfekte Fülle in
meinem unbewussten Verstand!"

Wenn Sie beginnen einzutauchen und an Ihrem Unterbewusstsein zu arbeiten, sollten Sie nicht überrascht oder aufgebracht sein, wenn Sie sehen, dass die negativen Speicheraufnahmen intensiver und häufiger auftauchen. Je mehr Glauben, Entschlossenheit und Freude Sie besitzen, desto mehr spirituelles Licht werden Sie erzeugen. Dieses hellere Licht wird natürlich die Blockaden zu Ihrem spirituellen Fortschritt sichtbar machen – die tiefsitzenden Übel des Geistes, die verschwinden müssen.

Wenn Sie konsequent Gebete und Affirmationen zur violetten Flamme rezitieren, wie etwa diejenigen, die ich in diesem Buch wiedergegeben habe, werden Sie Erfolge erzielen. Trotz aller Anfechtungen an die Affirmationen und den Erfolg Ihrer Seele zu glauben und diese weiter zu rezitieren – das ist es, was wir brauchen, um ganz zu werden.

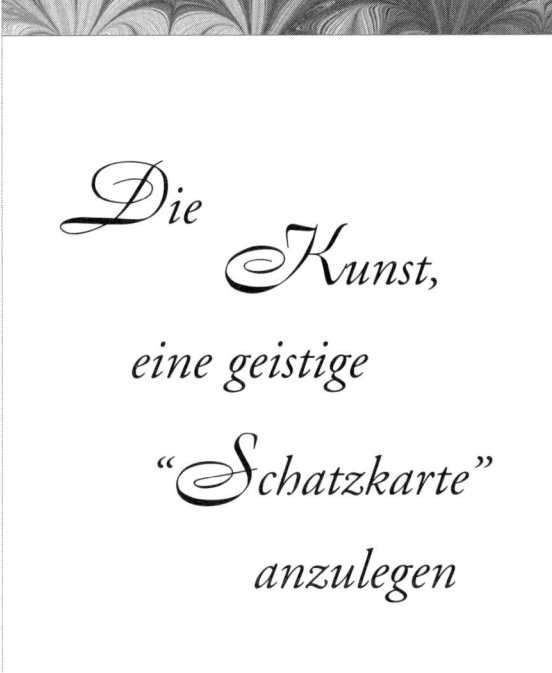

*Die*
*Kunst,*

eine geistige

*"Schatzkarte"*

anzulegen

"*Unsere Bestimmung ist keine Frage des Glücks, sondern eine Frage der eigenen Wahl.*"

William Jennings Bryan

&#x2130;ine "Schatzkarte" ist ein Gebet in Bildern. Sie können sie einsetzen, um Ihre Lieblingsträume einzufangen, diese zu greifbaren Zielen umzuformen und Wirklichkeit werden zu lassen.

Anders ausgedrückt, eine Schatzkarte ist eine Blaupause der spirituellen und materiellen Fülle, die Sie in Ihrem Leben schaffen möchten. Wie alle guten Karten bietet sie eine Zielrichtung und hilft Ihnen, auf Ihre Bestimmung hin ausgerichtet zu bleiben.

Dieses Kapitel bietet Ihnen einige Grundprinzipien, die Sie anwenden können, um eine effektive Schatzkarte zu erstellen. Sie können einige oder auch alle der hier vorgestellten Ideen übernehmen, ganz so, wie es Ihre Zeit erlaubt.

Um Ihre Ergebnisse zu optimieren, sollten Sie die Schatzkarte in Kombination mit den anderen Prinzipien in diesem Buch anwenden, insbesondere in Kombination mit den neun Schritten zur Manifestation und der Meditation zur Erzeugung einer Wolke, die auf dieses Kapitel folgen.

Haben Sie noch keinen Leitspruch für sich in diesem Leben verfasst, so rate ich Ihnen, ernsthaft darüber nachzudenken. Alle Komponenten Ihrer Schatzkarte werden unter diesen Oberbegriff fallen.

# ENTWERFEN SIE IHRE EIGENEN TRAUMTHEMEN

*"Die Welt macht den Weg frei für einen Menschen, der weiß, wohin er will."*
*Ralph Waldo Emerson*

Planen Sie Ihre Schatzkarte, bevor Sie sie entwerfen. Erstellen Sie als Erstes eine Liste all Ihrer Träume, die Sie in den unterschiedlichsten Bereichen Ihres Lebens gern Wirklichkeit werden lassen möchten. Ihre Liste kann Themen wie Karriere, Finanzen, Familie, Kinder, Bildung, Gesundheit, Zuhause, Beziehungen, Spiritualität, Reisen und Hobbys umfassen.

Sie können auch eine kollektive Schatzkarte gemeinsam mit anderen erstellen, die mit Ihnen zusammen an einem Gemeinschaftsunternehmen arbeiten, sei es Ihr Team am Arbeitsplatz, Ihre Familie oder eine Gruppe von Freunden oder Kollegen. In diesem Fall würde Ihre Traumliste sich auf das Projekt Ihres Teams beziehen.

Eine Schatzkarte ist eine Bündelung Ihrer höchsten Wunschziele. Setzen Sie also beim Erstellen Ihrer Liste Ihrer Vorstellungskraft keine Grenzen, denn sie ist die universelle Quelle für die Fülle, die Ihre wahren Bedürfnisse erfüllen, jedoch nicht Ihr menschliches Ego befriedigen wird.

↩

**Lassen Sie zu, dass Gott Sie inspiriert und führt.** "Der wahre Alchemist", so rät Saint Germain, "beginnt sein Experiment, indem er mit sich selbst und seinem Gott Zwiesprache hält, um die inspirierenden Gedanken des strahlenden Geistes seines Schöpfers wahrzunehmen."

Bevor Sie Bilder Ihrer Ziele auf Ihre Schatzkarte setzen, bitten Sie Gott, Ihnen zu zeigen, welche Ihrer Wünsche auch Gottes Wünsche für Sie sind. Sie möchten schließlich sicher sein, dass Sie Ihre höchste Energie in Dinge einbringen, in die auch Gott seine Energie investieren würde.

↩

**Setzen Sie Prioritäten.** Manchmal benutzen Menschen Schatzkarten, um finanziell erfolgreich zu werden, doch sie sind nicht spirituell erfüllt.

Zuallererst sollten Sie sich vergewissern, dass Ihre Schatzkarte auch Ihre spirituellen Ziele enthält. Wie der Weise und Taoist Lao Tse sagte: "Geld oder Glück – was ist wertvoller? Wenn Ihr Glück vom Geld abhängt, werden Sie niemals mit sich selbst glücklich sein."

Ich glaube auch, dass wir imstande sein sollten zu rechtfertigen, was wir auf unsere Schatzkarte setzen. Bitten Sie nur um Dinge, die Sie wirklich brauchen, um Ihren Lebenssinn zu erfüllen. Wenn Sie aus der Fülle schöpfen, sollten Sie bedenken, dass Sie mit den Energiegesetzen arbeiten. Wie Saint Germain sagt: "Wir sind verantwortlich für jeden Einsatz oder Missbrauch von Energie" in unserer persönlichen Welt. Sie können in der Tat negatives Karma schaffen, wenn Sie die Energie, die Ihnen zur Verfügung steht, für Dinge benutzen, die Sie nicht brauchen.

Ich bin zu der Erkenntnis gekommen, dass alles, was wir uns wünschen, letztendlich auch zu uns kommen wird. Wir ziehen es magnetisch an. Achten Sie also darauf, dass Sie Ihr Segel in die richtige Richtung setzen. Nehmen Sie sich die Zeit, um Ihre Beweggründe zu hinterfragen und Ihre Wünsche abzuwägen. Und wenn Gott Ihnen mehr Dinge zur Verfügung stellt, als Sie erbeten hatten, dann deshalb, weil er möchte, dass Sie Ihre Fülle liebevoll an andere weitergeben, die in größerer Not sind als Sie selbst.

**Arbeiten Sie mit Gott und Ihrem Höheren Selbst, um Ihre Ideen auszufeilen.** In seinen 'neun Schritten zur Manifestation' lehrt uns Saint Germain, wie wir erreichen können, dass unser Höheres Selbst uns dabei hilft, unsere Ideen auszuarbeiten und zu perfektionieren.

Nehmen Sie sich die Zeit, mit Gott Zwiesprache zu halten und mit Ihrem Höheren Selbst zu kommunizieren. Hören Sie auf die Stimme Gottes in Ihrem Innern und achten Sie auf eventuelle Zeichen von Gott. Sind Sie sich der Dinge sicher, die Sie brauchen, sind Sie auch soweit, Ihre Schatzkarte anzulegen.

Nachdem Sie Ihre Karte gestaltet haben, sollten Sie sich keine Gedanken darüber machen, ob Sie diese nach einem Tag oder einer Woche wieder abändern müssen. Die Arbeit an Ihrer Schatzkarte ist als ein sich stetig wandelnder Prozess zu betrachten.

## FANGEN SIE IHRE TRÄUME AUF PAPIER EIN

*"Ein Ziel ist ein Traum auf Termin."*
*Leo B. Helzel*

Ihre Schatzkarte kann groß oder klein sein. Sie können Sie an eine Wand oder Tür pinnen oder in ein Notizheft zeichnen.

Wenn Sie Ihre Schatzkarte an die Wand oder die Tür heften möchten, so benutzen Sie Plakatkarton, damit Sie die Bilder leicht mit Kleber oder Tesafilm darauf befestigen können. Wählen Sie Ihren Plakatkarton in einer Farbe aus, die Sie wirklich mögen. Sie werden mindestens zweimal pro Tag über Ihrer Karte meditieren, daher sollte es Ihnen auch ein Anliegen sein, diese so attraktiv wie möglich zu gestalten.

Sie können auf einer Karte mehrere Ziele abbilden oder mehrere Karten erstellen, so dass jede einem anderen Bedürfnis gewidmet ist. Bei manchen Menschen funktioniert ein Ringbuchalbum besser, da man jede Seite einem neuen Punkt widmen kann.

Ich erfuhr über die Kraft eines Albums als Schatzkarte von meinem verstorbenen Ehemann und Lehrer, Mark Prophet. Als ich Marks Habseligkeiten nach seinem Tod durchging, fand ich ein Album, das er mir nie gezeigt hatte. Es war mit der Zeit schon ganz vergilbt, und er hatte wohl schon Jahre nicht mehr hineingesehen. Ich glaube, er hatte es bei der Luftwaffe erstellt, Jahre bevor ich ihm begegnet bin.

Mark hatte Bilder aus Zeitschriften der 40er Jahre ausgeschnitten und diese in sein Album geklebt. Es gab ein Bild von seinem Traumhaus, umgeben von einem weißen Lattenzaun. Dieses Haus stellte er nach Colorado Springs, wo er bei der Luftwaffe stationiert war. Jahre später wurde dieser Traum von Mark Wirklichkeit, als wir unseren Hauptsitz in ein schönes Anwesen nach Colorado Springs verlegten.

In seinem Album hatte Mark auch ein Bild von seiner Traumfrau, die er heiraten wollte. Was mein Herz wirklich berührte, war die Tatsache, dass das Bild, das er aus einer Zeitschrift ausgeschnitten hatte, genauso aussah wie ich. Die Schatzkarte funktionierte bei Mark also – und sie kann auch bei Ihnen funktionieren.

Teilen Sie Ihre Karte oder Ihr Album in verschiedene Abschnitte ein – für jeden Bereich Ihres Lebens. Wählen Sie dann Bilder und Kommentare aus, die genau das wiedergeben, was Sie auf dem entsprechenden Wunschgebiet gern erreichen möchten.

Bilden Sie stets etwas ab, das besser ist als das Beste aus Ihrem derzeitigen Leben. Sie möchten ja stets nach etwas Höherem streben.

Verfahren Sie bei der Auswahl Ihrer Bilder und Kommentare für Ihre Karte sorgfältig. Zeigen und formulieren Sie exakt, was Sie wollen, u.a. auch die Größe, die Dimension, die Farbe, den Ort und Termine.

Wenn Sie beispielsweise die Finanzen abbilden, die Sie brauchen, dann kleben Sie auf Ihre Schatzkarte Geld, Bilder von Goldmünzen oder einen Scheck, der mit genau dem von Ihnen benötigten Betrag auf Sie ausgestellt ist. Wenn Sie ein neues Auto oder Haus brauchen, schreiben Sie alle Ausstattungsgegenstände auf, die Sie brauchen, und verwenden Sie möglichst ein exaktes Bild dessen, was Sie wollen. Im Abschnitt 'Karriere' Ihrer Karte können Sie jemanden abbilden, der Ihren Lieblingsberuf ausübt.

Vergessen Sie nicht anzugeben, bis zu welchem Termin Sie Ihre Ziele erfüllt haben möchten, sowie den genauen Ort, wo Ihre Träume in Erfüllung gehen sollen.

Als Mark 1961 mit mir auf der Suche nach einem Hauptsitz für das 'Summit Lighthouse'[2] war, suchten wir in ganz Washington, D.C. Dann hielten wir in Maryland und in Virginia Ausschau – und konnten immer noch nicht finden, was wir wollten. Wir beteten dafür und schließlich fragten wir Gott, warum wir nicht den richtigen Ort finden konnten. Die Antwort kam blitzartig zurück: Wir sollten genauere Angaben machen.

Da wir immer noch eine nur verwaschene Vorstellung dessen hatten, was wir brauchten, kamen wir nicht ans Ziel. Als wir uns an den Tisch gesetzt und genau definiert hatten, was wir wollten, wo wir es wollten und wann wir es wollten, sowie, wie viel Geld wir brauchten, um es zu kaufen, ging die ganze Geschichte in Erfüllung.

~

Benutzen Sie auf Ihrer Karte Farbfotos und bunte Bilder, denn unsere Vorstellungskraft reagiert positiv auf Farben.

~

Eine effektive Gestaltungsmöglichkeit für Ihre Schatzkarte ist das 'Bagua', ein Muster, das vom I Ging stammt und in der östlichen Kunst des Feng-Shui benutzt wird. Das Bagua ist ein archetypisches Muster für universellen und persönlichen Wandel. Es hat die Form eines Achtecks und zeigt die Bewegung der Energie (oder des Chi) in den acht Bereichen des Lebens.

Feng-Shui ist die Kunst, unser äußeres Umfeld so zu gestalten, dass Harmonie und Balance in unserem Leben entstehen. Die Alten, die das Feng Shui praktizierten, wussten, dass unser äußeres Umfeld unsere Lebensumstände reflektiert und umgekehrt. Daher lehrten sie, dass wir, indem wir unser Umfeld so gestalten, dass es in Harmonie mit der natürlichen Ordnung ist, Glück und Wohlstand erzeugen können. Hier kommt das Bagua ins Spiel.

Unser gesamter Lebensraum – unser Zuhause, jedes Zimmer darin, unser Büro, unser Schreibtisch, unser Hof, unser Auto – ist eine Ausdehnung und ein Spiegelbild von uns selbst. Da dies so ist, können wir das Bagua-Muster über jeden Raum legen, um herauszufinden, was in unseren persönlichen Welten abläuft. Indem wir uns auf jede der acht Zonen dieses Raumes konzentrieren, können wir beeinflussen, was sich im entsprechenden Bereich unseres Lebens abspielt.

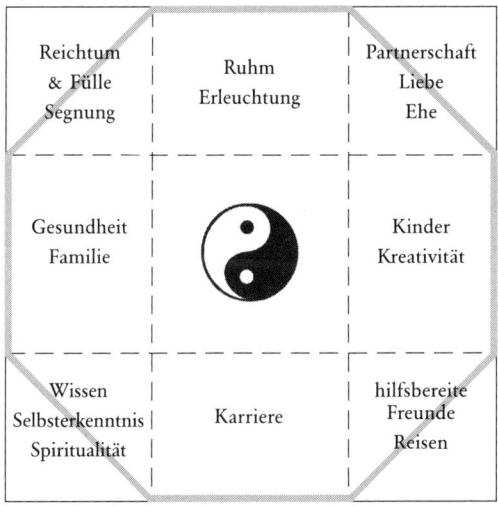

Bagua-System aus dem Feng-Shui

Auf die Erstellung von Schatzkarten übertragen, bedeutet dies, dass wir das Bagua-Muster auf unsere persönliche Schatzkarte übertragen und die Bilder mit unseren Zielen in die entsprechenden Zonen platzieren können. Um das Bagua über Ihre Schatzkarte zu legen, sollten Sie das untere Ende Ihrer Schatzkarte mit dem unteren Ende der Form des Baguas gleichsetzen.

Das Feng-Shui lehrt auch, dass Chaos den Energiefluss blockiert. Herrscht in einem bestimmten Raum Chaos, wird die Energie stagnieren und es kann zu Blockaden in dem Bereich Ihres Lebens kommen, der dieser Zone entspricht. Wenn wir umgekehrt eine bestimmte Zone verbessern und verschönern, erhöhen wir den Energiefluss des entsprechenden Bereichs in unserem Leben.

Nehmen Sie sich Zeit, um zu beurteilen, was sich in den acht Bereichen Ihres Lebens abspielt, die in dem Bagua dargestellt sind. Gibt es irgendwo Blockaden? Ist irgendwo ein Stillstand?

Werfen Sie nun einen Blick auf Ihr Umfeld – auf Ihr Zuhause, Ihre Zimmer, Ihren Arbeitsplatz, ja sogar in Ihre Garage. Kann die Energie frei zirkulieren, oder stagniert sie aufgrund eines Durcheinanders?

Manchmal ist ein gründlicher Frühjahrsputz genau das, was wir brauchen, um unsere spirituellen, geistigen, emotionalen und physischen Welten zu verjüngen. Natürlich geht Feng-Shui viel mehr ins Detail und in die Tiefe, doch mit diesen Grundprinzipien können wir beginnen, den Zustrom der spirituellen und materiellen Fülle in unserem Leben zu erhöhen.

Wir können das "Chaos-Prinzip" ebenfalls auf unsere Schatzkarten übertragen. Wenn wir eine klar strukturierte Schatzkarte ohne Durcheinander entwerfen, die nach dem Bagua-Muster angeordnet ist und exakt das abbildet, was wir in jeder Zone wünschen, kann die Energie freier fließen und die Matrix für unsere Wünsche ausbilden.

Was ist mit dem Zentrum der Karte? Manche Systeme im Feng Shui setzen das Tai Chi in die Mitte. Tai Chi ist das chinesische Symbol, das das harmonische Zusammenspiel und die Vereinigung von Yin- (weiblichen) und Yang- (männlichen) Kräften im Universum darstellt.

Das Zentrum des Bagua und Ihrer Schatzkarte symbolisiert Einheit. Es ist der Mittelpunkt, der wie eine "Radnabe" alle anderen Zonen verbindet. Die Mitte ist auch der Ort, an dem wir neue Energie sammeln, bevor die Samen, die wir ausgestreut haben, zu keimen beginnen. Es ist der Ruhepunkt und der Punkt der Erneuerung vor dem nächsten Wachstumsschub.

Was sollten wir also in der Mitte unserer Karten abbilden? Es hängt davon ab, was die Karte bezwecken soll. Hat Ihre Karte einen Hauptfokus, so könnten Sie ein Bild dieses Fokus' in die Mitte setzen. Ist Ihnen das Timing Ihres Zieles am wichtigsten, dann sollte Ihr Wunschtermin in der Mitte stehen. Vielleicht möchten Sie auch lieber etwas in die Mitte stellen, das Ihr Zentrum darstellt, Ihre "Radnabe" – vielleicht Ihren Leitspruch oder ein Symbol für Ihre spirituelle Quelle oder Ihr spirituelles Selbst. Seien Sie kreativ und zeigen Sie Fantasie!

**Um den Energiefluss in die Richtung Ihrer Wünsche zu stimulieren, können Sie Ihre Schatzkarte in der Zone Ihres Hauses oder eines Zimmers aufstellen, die entsprechend der Bagua-Karte das repräsentiert, worauf Sie Ihren Fokus richten.**

Legt man das Bagua über ein Haus oder einen Raum, so weist die Öffnung der Haustüre oder Zimmertüre zum unteren Teil der Karte hin. Mit anderen Worten, die Türe geht irgendwo am unteren Rand im Bereich "Wissen, Karriere und hilfsbereite Freunde" auf.

Und so funktioniert es: Wenn Sie sich beispielsweise auf Ihre Finanzen konzentrieren, können Sie Ihre finanzielle Schatzkarte in der Zone "Reichtum" in Ihrem Haus oder Ihrem Zimmer (in der linken hinteren Ecke des Raumes) aufstellen. Eine Schatzkarte für Beziehungen platzieren Sie in der Partnerschaftszone in Ihrem Haus oder Zimmer (in der rechten hinteren Ecke).

**Fügen Sie Bilder von einem oder mehreren Aufgestiegenen Meistern in Ihre Schatzkarte ein.** Die Aufgestiegenen Meister sind die Heiligen und Weisen des Ostens und Westens, die eins mit Gott geworden sind. Sie fördern unsere Bestrebungen und arbeiten hinter den Kulissen des Lebens, um uns zu helfen.

Bilder Ihrer Lieblingsmeister werden Sie daran erinnern, dass diese Ihre Partner sind und mit Ihnen zusammenarbeiten, um Ihnen zu helfen, Ihre Ziele zu verwirklichen.

Wenn Sie imstande sind, in diesem Maße ins Detail zu gehen, können Sie auch **Bilder von sich selbst in verschiedenen Phasen einfügen, wie Sie schrittweise Ihre Ziele verwirklichen.** Sie können eine

Zeitlinie festlegen, die angibt, was Sie sofort und was Sie in späteren Phasen Ihres Lebens erreichen möchten.

**Unterlegen Sie Ihre Bilder mit Worten und Affirmationen, die Ihre Bedürfnisse beschreiben.** Mein Vorschlag ist, dass Sie Ihre Ziele als Affirmationen formulieren. Sie können diesen auch ein Gebet an Ihre ICH BIN-Gegenwart und Ihr heiliges Christusselbst voranstellen, um die Verwirklichung Ihrer Ziele durch die Kraft Gottes in Ihnen zu bekräftigen.

Sie könnten also beispielsweise sagen: "Im Namen meiner ICH BIN-Gegenwart und meines heiligen Christusselbst, ICH BIN mitfühlend" oder "Im Namen meiner ICH BIN-Gegenwart und des heiligen Christusselbst, ICH BIN erfolgreich beim _____" oder "ICH BIN jetzt beim Absolvieren meines Magisters in _____".

**Schaffen Sie Bilder oder Aussagen über das, was Sie Gott im Gegenzug für die Segnungen anbieten werden, die Sie von ihm erbitten.** In Wirklichkeit bekommen wir nie etwas umsonst. Jedes

Quäntchen Energie, das Gott uns schenkt, "kostet" uns etwas.

Das göttliche Gesetz ist ganz klar: Wenn wir dem Leben etwas geben, bekommen wir etwas vom Leben. Wenn wir aufhören, etwas von uns selbst zu geben, werden wir auch nichts mehr empfangen. Ich habe festgestellt, dass von uns in der Tat erwartet wird, dem Universum mehr zu geben, als wir von ihm erbitten.

Vielleicht möchten Sie Gott begleitend zu Ihrer Schatzkarte einen Brief schreiben. Erklären Sie im Brief, was Sie im Gegenzug für die göttliche Unterstützung tun werden, wie etwa freiwillig Dienst an Menschen mit Behinderungen oder alten Menschen verrichten, in der Krankenpflege arbeiten oder Kinder adoptieren.

Wir sagen: "Bitte hilf mir, dieses Ziel umzusetzen, Gott. Im Gegenzug werde ich Folgendes für dich tun." Aber seien Sie realistisch. Versprechen Sie nicht mehr, als Sie geben können. Behalten Sie, wenn Sie den Brief geschrieben haben, eine Kopie zur Erinnerung Ihres Versprechens und verbrennen Sie dann das Original.

Pflastern Sie Ihre Schatzkarte nicht mit zu vielen Bildern und Affirmationen zu. Erstellen Sie mehrere Karten, wenn Sie merken, dass Sie auf einer Karte zu viel untergebracht haben.

Außer für den Fall, dass Sie gemeinsam mit einer Gruppe eine Schatzkarte für ein kollektives Bedürfnis erstellen, sollten Sie Ihre Karte geheim halten. Bewahren Sie sie an einem Ort auf, wo eine positive, aufbauende Energie herrscht, beispielsweise nicht in einem Teil Ihres Hauses, in den Besucher gelangen. Bewahren Sie sie auch nicht an einer Stelle auf, wo jemand, der sich zynisch über Ihre Pläne äußert, sie sehen kann.

# LASSEN SIE IHRE TRÄUME
## WIRKLICHKEIT WERDEN

*"Alles, was Sie träumen können, können Sie auch tun."*

Walt Disney

Haben Sie Ihre Schatzkarte erstellt und platziert, meditieren Sie mindestens zweimal täglich über Ihrer Karte, vielleicht morgens und bevor Sie abends schlafen gehen. Lesen Sie dabei Ihre Affirmationen laut vor. Verstärken Sie diese, indem Sie spüren und glauben, dass Sie Ihre Ziele bereits erreicht haben. Wiederholen Sie, wenn Sie eine Schatzkarte für eine Gruppe oder die Familie erstellt haben, die Affirmationen mit den Menschen, die Teil Ihres Bündnisses sind.

Wiederholung ist für das Unterbewusstsein wichtig. Sie verstärkt unsere gesunden Wünsche. Jedes Mal, wenn Sie eine Affirmation wiederholen, sät unser bewusster Verstand Samen aus, und unser Unterbewusstsein begießt sie.

～

Übergeben Sie Ihre Bitten bewusst Gott und bitten Sie ihn, diese seinem Wunsch entsprechend zu erfüllen.

Vergessen Sie nicht, dass Gott höchstpersönlich die wahre Arbeit der Erfüllung Ihrer Wünsche verrichten wird, auch wenn Sie vielleicht das Instrument sein mögen, durch das er wirkt. Denn wie Moses zu den Israeliten sagte: "Sprecht nicht zu euch selbst: 'Meine Kraft und die Kraft meiner Hände haben mir diesen Reichtum verschafft'. Sondern vergesst nicht den Herrn, euren Gott, denn er ist es, der euch die Macht gibt, Reichtümer zu erwerben."

～

Führen Sie einen ununterbrochenen Dialog mit Gott. Nehmen Sie sich inmitten des geschäftigen Treibens Ihres Alltags ein wenig Zeit, um mit Gott zu sprechen. Und bedenken Sie dabei: Ein Gebet ist keine Einbahnstraße – vergessen Sie nicht, auf seine Antwort zu lauschen. 'Synergie mit dem Heiligen' ist der Geheimschlüssel, um aus der Fülle zu schöpfen.

Seien Sie nicht mit dem Ergebnis Ihrer Bitten verhaftet und nehmen Sie nicht vorweg, auf welche Weise Ihre Wünsche erfüllt werden sollen. Das entscheidet Gott.

Wenn wir schmalspurig denken, beschränken wir unsere Möglichkeiten. Wenn wir übertrieben mit dem Resultat verhaftet oder ängstlich sind, sind wir nicht offen für Überraschungspakete oder neue Chancen, die sich unter Umständen direkt vor unserer Nase auftun. Manchmal findet Gott eine bessere Möglichkeit, unsere Bedürfnisse zu erfüllen, als wir uns vorgestellt haben.

**Geben Sie Ihr ganzes Herz in die Erfüllung Ihrer Träume.** Unternehmen Sie die nötigen Schritte, um den Ball ins Rollen zu bringen. Wir alle bekommen im Leben, was wir wollen, solange wir es wirklich wollen, und solange wir uns dafür einsetzen, es zu erreichen.

**Ergänzen Sie Ihre Meditationen über Ihrer Schatzkarte mit Affirmationen zur violetten Flamme**

und mit Mantras, um das Karma zu verwandeln, das die Materialisierung Ihrer Träume blockiert.

Der Faktor X bei der Erlangung der spirituellen und materiellen Fülle, die wir brauchen, ist immer das Karma. Wir möchten vielleicht gern in eine bestimmte Richtung gehen, doch unser Karma führt uns auf Abwege, die fernab des vorgegebenen Weges unserer Mission zu liegen scheinen.

Und doch haben wir es zuallererst einmal immer mit dem Karma zu tun. Jeden Tag wird uns ein neues Bündel des negativen Karmas, das wir in der Vergangenheit geschaffen haben, vor die Türe gelegt, damit wir es auflösen. Vielleicht erleben wir jenes Karma in der Form, dass unser Auto stehen bleibt, oder unsere Beziehung zerbricht. Die Dinge scheinen einfach nicht so zu laufen, wie sie laufen sollten.

Die violette Flamme ist wie Öl im Getriebe: Sie bewirkt, dass die Dinge leichter gehen. In Kombination mit dem Dienst und der Hingabe an Gott kann sie uns helfen, das negative Karma zu verwandeln, das unsere Mission behindern könnte.

Ich kann mich an Zeiten erinnern, da das Einzige, was ich über meinen Sinn im Leben wusste, war, dass ich etwas für Gott tun sollte und selbst herausfinden musste, was es war. Da ich nicht wusste, was es war, wurde es zu meiner Mission, dies herauszufinden. Also unternahm ich jeden Tag meiner Jugend Dinge, von welchen ich glaubte, sie würden mich näher an mein Ziel führen, nämlich zu entdecken, worin meine Mission besteht.

Als ich schließlich meine Mission erkannte, war es mein größter Wunsch, von all den lästigen Umständen befreit zu werden, die mich daran hindern würden, diese zu erfüllen. Ich erkannte, dass jene hindernden Umstände mein Karma sowie Elemente meiner Psyche waren.

Ich stellte fest, dass ich, wenn ich meine Mission ernsthaft erfüllen wollte, jenes Karma mit der violetten Flamme verwandeln und daran arbeiten musste, jene Themen in meiner Psyche aufzulösen. Außerdem merkte ich, dass ich mehr Selbstbeherrschung entwickeln musste, um mit den Herausforderungen meiner Mission zurechtzukommen. Dies ist die Arbeit, in die wir uns vertiefen müssen, wenn wir wirklich das Beste aus unseren Möglichkeiten machen wollen, um aus der Fülle zu schöpfen.

**Denken Sie an Ihre Versprechungen gegenüber Gott.** Geben Sie Gott zurück, was Sie ihm versprochen haben. Warten Sie nicht auf die Ergebnisse, bevor Sie anfangen zu geben. Beginnen Sie mit der Einlösung Ihres Parts der Abmachung sofort.

**Aktualisieren Sie Ihre Schatzkarte entsprechend Ihren Bedürfnissen.** Wenn Sie eine neue Karte brauchen, ist das ein gutes Zeichen! Es bedeutet, dass Sie Fortschritte machen. Entweder haben Sie Ihre erste Zieletappe erreicht, oder Sie haben Ihre Zielrichtung und den Weg, den Sie dorthin nehmen wollen, korrigiert.

Verbrennen Sie Ihre alte Karte, wenn Sie eine neue erstellen möchten. Holen Sie einen neuen Plakatkarton aus der Schublade und blättern Sie zurück auf Seite 62 ff.

Verlag

»Die Silberschnur«

Postfach 41

D-56590 Horhausen

Franziska Krattinger
*Die 7 universellen Gesetze*
Spielregeln für ein Leben in Vielfalt

152 Seiten, broschiert
€ (D) 6,95
ISBN 978-3-89845-266-3

Das Leben folgt universellen Gesetzen. Wer diese begreift, kann sich alle Lebensformen, Situationen und Realitäten erklären. Dieses Handbuch vermittelt durch praktische Übungen und gelebte Beispiele aus dem Alltag die entscheidenden Spielregeln für ein Leben in Fülle!

Es zeigt, wie man seine Kraft am besten einsetzt, um seine Ziele stets zu erreichen.

Die beschriebenen Gesetze gelten für alle – und wer sie beherrscht, ist somit Herr über seine Realität.

# Ja, ich möchte gerne weitere Informationen erhalten.

Bitte senden Sie mir Informationen

○ per E-Mail   *oder*   ○ per Post

○ zum Verlagsprogramm

○ zu den Novitäten

○ zu Seminaren

## Ihr Interesse wird belohnt!

Unter allen Einsendern verlosen wir monatlich 10 Exemplare unseres Buchtips des Monats.

Einsendeschluss ist jeweils der 15. des laufenden Monats. Die Gewinner werden schriftlich benachrichtigt, der Rechtsweg ist ausgeschlossen.

Name, Vorname

Telefon                                    E-Mail

Straße, Hausnummer

Land, PLZ, Ort                             Unterschrift

Ich erkläre mich einverstanden, dass der Verlag »Die Silberschnur« meine Daten zu Direktmarketingzwecken verwenden darf.

*In neun*

*Schritten*

*zur Manifestation*

Von Saint Germain

"Wer kann den Möglichkeiten des Menschen Grenzen setzen? – Der Mensch hat Zugang zum gesamten Geist des Schöpfers, er ist im Endlichen selbst der Schöpfer."

Ralph Waldo Emerson


"Alchemie ist die Wissenschaft der Mystik und die Stärke des Menschen, der nach einigem Nachdenken zu der Selbsterkenntnis gelangt ist, dass er mit Gott eins ist und willens, seinen Part zu spielen."

Saint Germain

1. Licht ist der Schlüssel der Alchemie! Die Worte **"Es werde Licht"** sind das erste "Fiat" der Schöpfung und der erste Schritt zur wahren Manifestation.

AFFIRMATIONEN:

"Es werde Licht!"
"Es werde Licht, wo ICH BIN
DER ICH BIN!"

2. **Erzeugen Sie eine geistige Blaupause des Zieles, das Sie schaffen möchten.** Diese Matrix sollte in detaillierter Bildform exakte Angaben über Größe, Proportion, Material, Dichte, Farbe und Qualität beinhalten.

Lassen Sie jeden Schüler der Alchemie erkennen, dass er einen 'Höheren Verstand' in sich trägt, der imstande ist, Muster von unendlichen Dimensionen zu behalten. Dieser Höhere Verstand funktioniert unabhängig vom äußeren Verstand, ohne menschliche Beschränkung irgendeiner Art.

Machen Sie es sich zur Gewohnheit, diesem gesegneten Höheren Verstand, dem Christusselbst, bewusst die Verantwortung für den Entwurf und die Vervollkommnung der embryonalen Ideen und Muster Ihrer Schöpfung zu übergeben. Denn viele dieser Muster, die auf den ersten Blick scheinbar bewusst von den Alchemisten erstellt worden sind, haben ihren Ursprung häufig in diesem höheren Teil des gesegneten Selbst.

Bedenken Sie: 24 Stunden am Tag ist Ihr Höherer Verstand in den erweiterten Dimensionen aktiv. Dieser gesegnete Tröster, den Sie im Außen nicht kennen lernen und erfahren, wartet darauf, in Aktion gerufen zu werden und funktioniert ohne die üblichen Beschränkungen von Raum und Zeit.

Setzen Sie Ihren Höheren Verstand also sowohl als Schüler als auch als Lehrmeister ein – denn der Heilige Geist der Wahrheit, der in diesen eintritt, kann Sie zur absoluten Wahrheit führen!

## AFFIRMATION:

"ICH BIN Leben unter Gottes Leitung,
lass' dein Licht der Wahrheit in mir
auflodern.
Konzentriere hier alle Perfektion Gottes,
erlöse mich von aller Zwietracht.

Verankere mich fest und auf ewig
in der Gerechtigkeit deines Plans –
ICH BIN die Gegenwart der Perfektion,
die das Leben Gottes im Menschen
lebt!"

(Dreimal wiederholen)


I AM life of God-direction,
Blaze thy light of truth in me.
Focus here all God's perfection,
From all discord set me free.

Make and keep me anchored ever
In the justice of thy plan –

I AM the presence of perfection
Living the life of God in man!

3. Bestimmen Sie, wo sich der Gegenstand Ihrem Wunsch nach manifestieren soll.

4. Wenn Sie das Material kennen, aus dem er sich zusammensetzt, dann stellen Sie sich seine atomare Molekülstruktur geistig vor. Wenn nicht, rufen Sie die göttliche Intelligenz in Ihrem Höheren Verstand an, um das Muster für Sie aus der universellen Intelligenz abzurufen und in Ihren Körper der Erinnerung und Ihren Verstand einzuprägen.

5. Bitten Sie um Licht, das das atomare Muster, das Sie gerade aufrechterhalten, abbildet, um dann mit dem Muster zu verschmelzen und sich zu dessen Form zu "verdichten".

6. Bitten Sie um die Multiplikation dieser atomaren Struktur, bis Moleküle des Materials beginnen, die Leere zu füllen und den Raum einnehmen, in dem Sie wünschen, dass der Gegenstand auftaucht.

7. Wenn der gesamte Umriss mit der Schwingungsaktivität des Materials aus der vierten Dimension erfüllt ist, die der gewünschten Manifestation entspricht, **bitten Sie um die Absenkung der atomaren Dichte herab auf die dreidimensionale Form** und das entsprechende Material gemäß dem Muster, das von der Matrix Ihres Verstandes erstellt wurde.

8. **Wenn die Visualisierung der Blaupause in Ihrem Verstand vollständig ist, versiegeln Sie diese umgehend.** Glauben Sie nicht, dass Sie, indem Sie Ihren Plan versiegeln, die Tür zu möglichen künftigen Strukturverbesserungen hinter sich schließen. Korrekturen können in nachfolgenden Modellen erfolgen. Die Worte: "Es ist vollbracht!" sind daher das zweite "Fiat" der Schöpfung nach "Es werde Licht!"

Wenn der Ausruf unseres geliebten Jesu zur Stunde seiner größten Versuchung **"Nicht mein Wille, sondern dein Wille geschehe"** im Augenblick der Versiegelung der Matrix gesprochen wird, gewährleistet dies, dass die Leitkräfte der Macht, der Weisheit und der Liebe das manifestierte Muster, wo nötig, verbessern, damit die perfekteren Entwurfspläne des Schöpfers Wirklichkeit werden mögen.

Damit erhält man als zusätzlichen Nutzen die Unterstützung durch den Allmächtigen, da er sein eigenes Ideenmuster des Schicksals im Einklang mit dem kosmischen Plan formt und entwickelt.

Schützen Sie Ihr Experiment durch Schutzhandlungen und Schutzmeditationen. Visualisieren Sie, dass Sie, Ihre Matrix und deren Manifestation von blauem Licht umhüllt sind. Dies dient dazu, den gewünschten Schutz zu fokussieren.

## AFFIRMATIONEN:

"Es ist vollbracht!"

"Dennoch, nicht mein Wille, sondern
dein Wille geschehe."

"ICH BIN Gottes Wille,
der manifest ist überall,
ICH BIN Gottes Wille,

der perfekt ist ohnegleichen,
ICH BIN Gottes Wille,
so schön und rein,
ICH BIN Gottes bereitwillige
Freigebigkeit überall."


I AM God's will manifest everywhere,
I AM God's will perfect
beyond compare,
I AM God's will so
beautiful and fair,
I AM God's willing bounty
everywhere.

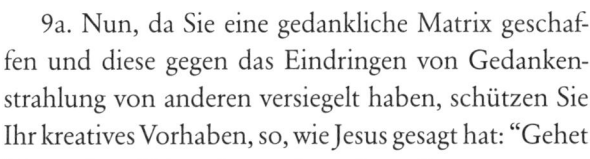

9a. Nun, da Sie eine gedankliche Matrix geschaffen und diese gegen das Eindringen von Gedankenstrahlung von anderen versiegelt haben, schützen Sie
Ihr kreatives Vorhaben, so, wie Jesus gesagt hat: "Gehet
hin und **erzählet niemandem davon**".

Dieses Gesetz der Manifestation ermöglicht es
Ihnen, konzentrierte Strahlen menschlicher Gedanken-
und Gefühlsmuster zu umgehen, die sich auf die

erfolgreiche Umsetzung eines alchemistischen Experiments äußerst hinderlich auswirken könnten.

Vermeiden Sie daher die Zerstreuung von Energie, indem eine Vielfalt an Köpfen sich einmischt, außer dann, wenn zwei oder mehrere Individuen an einer gemeinsamen Manifestation zusammenarbeiten.

9b. **Warten Sie die Ergebnisse ab.** Werden Sie nicht nervös, wenn Ihre Manifestation nicht sofort Wirklichkeit wird, oder wenn nach einer angemessenen Zeit klar zu sein scheint, dass sich die Ergebnisse nicht einstellen. Hoffnungslosigkeit zerstört genau den Glauben, auf den Ihr Experiment aufgebaut ist. **Sie müssen Ihren Glauben bewahren,** während Sie den zarten Schleier aufrechterhalten, der das geistige Bild formt.

Wenn Sie über Jahre hinweg der Beherrschung durch menschliche Emotionen ausgesetzt waren, **müssen diese Aufzeichnungen von den alchemistischen Feuern der violetten Flamme verzehrt werden,** um den Weg für erhabenere Gedanken und Formen freizumachen, die Sie sich fortan vorstellen möchten.

## AFFIRMATIONEN:

"Violettes Feuer, du göttliche Liebe,
lodere auf in diesem, meinem Herzen!
Du bist Gnade, auf ewig wahr,
halte mich stets in Einklang mit dir."
    (Dreimal wiederholen)


Violet Fire, thou love divine,
Blaze within this heart of mine!
Thou art mercy forever true,
Keep me always in tune with you.

ICH BIN Licht, du Christus in mir,
befreie meinen Verstand für immer;
violettes Feuer, scheine für immer
tief in diesem, meinem Verstand.

Gott, der du mir gibst mein täglich Brot,
erfülle meinen Kopf mit violettem Feuer,

bis dass deine Strahlen himmelsgleich
aus meinem Verstand einen Verstand
des Lichts machen."

(Dreimal wiederholen)


I AM Light, thou Christ in me,
Set my mind forever free;
Violet fire, forever shine
Deep within this mind of mine.

God who gives my daily bread,
With violet fire fill my head
Till thy radiance heavenlike
Makes my mind a mind of light.

"ICH BIN die Hand Gottes in Aktion,
die jeden Tag den Sieg erringt;
meiner reinen Seele große Freude
ist es, den goldenen Mittelweg zu
gehen."

(Dreimal wiederholen)

I AM the hand of God in action,
Gaining Victory every day;
My pure soul's great satisfaction
Is to walk the Middle Way.

"Geliebte, strahlende ICH BIN-
Gegenwart,
umhülle mich mit deiner Säule
aus Licht,
das stammt von der Aufgestiegenen
Meister Flammen,
die ich anflehe nun in Gottes Namen.
Möge es meinen Tempel befreien
von allem, das versucht, uns zu
entzweien.

Ich rufe hervor das violette Feuer,
alle Sehnsucht zu verbrennen und zu
verwandeln.
Sie möge brennen in der Freiheit
Namen,
bis ICH BIN eins mit der violetten
Flamme."

(Dreimal wiederholen)

Beloved I AM Presence bright,
Round me seal your tube of light
From ascended master flame
Called forth now in God's own name.
Let it keep my temple free
From all discord sent to me.

I AM calling forth violet fire
To blaze and transmute all desire,
Keeping on in freedom's name
Till I AM one with the violet flame.

"Und im vollen Glauben nehme ich dies bewusst als manifest! manifest! manifest! an (dreimal), genau hier und jetzt mit aller Kraft, auf ewig, allmächtig aktiv, beständig sich ausbreitend und die Welt umschließend, bis wir alle voll und ganz ins Licht aufgestiegen – und frei sind! Geliebter ICH BIN! Geliebter ICH BIN! Geliebter ICH BIN!"

And in full faith I consciously accept this manifest, manifest, manifest! (3x) right here and now with full power, eternally sustained, all-powerfully active, ever expanding and world enfolding until all are wholly ascended in the light and free. Beloved I AM! Beloved I AM! Beloved I AM!

9c. **Ihren neuen Ideen müssen Sie auch Ihre Zeit und Ihre Energie schenken.**

Wie wichtig ist der Dienst des geordneten Gebets? Gebete öffnen Gott die Tür, um in menschliche Angelegenheiten einzugreifen. Sie öffnen einen Kanal, über den die Aufgestiegenen Meister und die kosmischen Wesen, die dem Planeten Erde gern dienen möchten, spezielle Unterstützung bieten können, da sie aufgerufen wurden, dies zu tun. Denn das Gesetz bestimmt, dass die himmlischen Heerscharen von zumindest einigen Menschen gebeten, ja eingeladen werden müssen, einzugreifen, bevor sie für die Menschheit einschreiten dürfen.

Für den Alchemisten hat das Gebet vielerlei Nutzen. Neben den bereits erwähnten Vorteilen bietet es auch einen Anstoß, seine Werte zu fördern und das Ziel der göttlichen Wahrheit zu stärken, während die geistige Gussform gerade physische Gestalt annimmt.

Vergessen Sie nicht: Dies ist göttliche Kunst höchster Güte. Es ist auch sozusagen eine "Gemeinschaftsproduktion" mit Gott und wird als solche am besten von Menschen angewandt, deren Ziele mit den Zielsetzungen Gottes parallel laufen. Ist folglich der Wille des Menschen analog zu dem Gottes, so unterlässt es das Licht Gottes nicht, diesen Willen in der ganzen Fülle von Zeit, Raum und günstiger Gelegenheit zu manifestieren.

Alchemisten des heiligen Feuers, hier ist die heilige kosmische Formel:

$$Theos = Gott$$
$$Regel = Gesetz$$
$$Du = Wesen$$

Theos + Regel + Du = Gottes Gesetz aktiv als Prinzip in deinem Wesen.

*(Das Englische: Theos + Rule + You ergibt das Akronym TRY = "Versuche es!", Anm. d. Ü.)*

# Meditation

## zur Erzeugung

### einer

### geistigen Wolke

Von Saint Germain

———————— ∞ ————————

"Mit Gott ist alles möglich! Wenn du sein Bewusstsein besitzt, ist dir in der Tat alles sofort möglich. Stellt sich dies bei dir nicht umgehend ein, so brauchst du mehr von seinem Bewusstsein ...

Die Wolke als Manifestation der Kraft deiner kreativen Energie, des Feuers deines Geistes, wird in deine Welt das Bewusstsein Gottes höchstpersönlich ziehen."

*Saint Germain*

———————— ∞ ————————

$\mathcal{E}$ine der effektivsten Methoden, um einen Wandel herbeizuführen, ist die "Erzeugung einer Wolke", wie ich es nenne. Ich meine damit eine Wolke unerschöpflicher Energie, die überall präsent, aber nirgends manifest ist, bis sie in Aktion gerufen wird.

Während des ganzen Rituals müssen Sie Ihr Bewusstsein rein halten und mit Liebe aufladen. Sie müssen sich des unerschöpflichen Potenzials des kosmischen Geistes Gottes bewusst sein und sich voll und ganz mit allen konstruktiven Impulsen identifizieren. Vergessen Sie nicht die Leitsätze "Übung macht den Meister", "Wo ein Wille, da ein Weg" und "Schönheit berührt die Seele".

1. **Stellen Sie sich nun vor Ihren Altar und ehren Sie den lebendigen Gott** und sein Fiat: "Übernimm die Herrschaft!" Sie sind gerade im Begriff, etwas zu schöpfen. Zunächst werden Sie die Wolke aus der enormen Kraft Gottes erzeugen, die an jedem Punkt des Kosmos gespeichert ist und darauf wartet, angerufen zu werden.

2. **Wir werden in Gedanken zuerst ein milchig-weißes Strahlen erzeugen.** Dieses milchig-weiße

Strahlen werden wir als elektronische Schwingungsaktivität eines kraftvollen, bewegten, unbeschreiblichen Lichts sehen. Indem wir uns auf das Licht konzentrieren, entsteht die milchig-weiße Farbe.

3. Nachdem wir vor unserem geistigen Auge diese Form einer hellen, durchsichtigen Wolke erzeugt haben, **lassen wir sie unsere physischen Körper einhüllen und in unser Kraftfeld eindringen.** Für einen Moment verlieren wir uns mitten in der Wolke. Dann scheint es, als sei sie immer da gewesen. Sie strahlt eine vertraute, angenehme Atmosphäre aus.

4. **Lassen Sie diese helle Wolke zunächst in einem Durchmesser von drei Metern um Sie herum leuchten.** Später werden wir diesen Durchmesser vielleicht auf 30 Meter und dann auf 300 Meter und mehr anwachsen lassen.

In unseren Meditationen werden wir uns anfangs darauf konzentrieren, **die Aktivität des weißen Lichts vor unserem geistigen Auge zu verstärken.** Ist es uns gelungen zu spüren, wie diese Wolke unseren Köper umgibt, werden wir verstehen, dass es zwar möglich ist, die Wolke für unser menschliches Auge sichtbar zu machen, wir aber vor allem darum bemüht sein sollten, ihre hohe Schwingungsaktivität rein geistig aufrechtzuerhalten.

5. Wer von Ihnen mit der Elektronik vertraut ist und die Funktionsweise eines Regelwiderstands kennt, wird verstehen, dass wir **die Schwingungsaktivität der Wolke ganz einfach verstärken können, indem wir an der "Regelung" unseres Bewusstseins drehen.** Wir sammeln immer mehr Licht um jeden zentralen Lichtpunkt, denn unsere Wolke besteht aus vielen Lichtpunkten, deren Auras sich vermischen und überlagern, so dass insgesamt der Effekt einer spitzenartigen, jedoch hochkonzentrierten weißen Strahlung entsteht, einer reinen Wolke wirbelnder kosmischer Energie.

Wir verstärken eine intensive Aktivität des Lichts aus seinem eigenen Kraftfeld heraus – mehr als sich normalerweise in einem bestimmten Gebiet manifestiert. Wir schöpfen dabei aus der universellen Gotteskraft, um diese Wolke zu erzeugen. **Zunächst dringt sie in unser unmittelbares Kraftfeld ein und weiht dieses dann, so dass wir einen spirituellen Altar bekommen, auf den wir die Bilder der Wirklichkeit projizieren, die wir gern erschaffen möchten.**

6. **Diese Wolke kann therapeutisch für die Heilung der Nationen und der Seele eines Planeten eingesetzt werden.** Sie können sie auch als Plattform benutzen, um, so wie es Christus auf dem Berg der Verklärung tat, die Aufgestiegenen Meister persönlich herbeizurufen, damit diese Sie bei Ihren alchemistischen Experimenten und Ihrem Dienst am Leben unterstützen.

Wissen Sie noch nicht genau, was Sie für sich und andere erschaffen sollen, so können Sie auf sanfte, kindhafte Weise Gott bitten, aus dem großen Pool seiner Lichtenergie das Wunder seiner heilenden Liebe zu erzeugen, nicht nur in Ihrem Leben und im Leben Ihrer Lieben, sondern auch im Leben aller andereren Menschen auf der Welt.

Sie können darum bitten, dass die Kraft Gottes und des Königreichs im Himmel sich auf Erden manifestieren möge. Sie können darum bitten, dass das goldene Zeitalter anbrechen und jeder Krieg und Kampf ein Ende haben möge. Sie können auch darum bitten, dass die Liebe die Herrschaft über die Welt übernehmen möge.

Wenn Sie Ihr Herz für die Bedürfnisse der Welt und die Liebe der göttlichen Mutter öffnen, die durch Ihr erhöhtes Bewusstsein Ausdruck sucht, werden Ihnen grenzenlose Ideen für universelle Dienste zufließen.

7. **Bitten Sie Gott, das Potenzial der Wolke zu erhöhen, indem Sie folgendes Gebet sprechen:**

## GEBET:

Im Namen des Vaters, des Sohnes und des Heiligen Geistes befehle ich Milliarden von Lichtpunkten, sich nun auszudehnen, mehr von dem heiligen Feuer zu sammeln, das mächtige Potenzial der glühenden Wolke zu erhöhen, und der Glanz und das kraftvolle, bewegte, unbeschreibliche Licht des Allmächtigen Gottes zu sein – sogar das Licht der Wolke meiner mächtigen ICH BIN-Gegenwart – wo ICH BIN!

Bei der Autorität des universellen Gottes verfüge ich diesen heiligen Prozess, oh Gott. Ich akzeptiere, dass es im Namen meines eigenen, geliebten Christusselbst geschehe. Und siehe da, ich sehe, dass es erfüllt wird, und es vollzieht sich da, wo ICH BIN.

Christusselbst in mir, halte das Bild, lenke das Auge Gottes darauf und lass' mich diese Ausdehnung kennen lernen und erfahren!

Denn in der Tat – ICH BIN die Wolke. Die Wolke ist in mir.

ICH BIN das hochkonzentrierte weiße Strahlen.

ICH BIN die Ursache hinter der Wirkung in Gestalt der Wolke.

ICH BIN der Magnet der großen Zentralsonne in meinem Herzen, der die Wolke der unerschöpflichen Energie dorthin zieht, wo ICH BIN.

ICH BIN eine reine wirbelnde Wolke kosmischer Energie!

8. Weisen Sie dieser strahlenden Wolke mit dem folgenden Gebet einem bestimmten Sinn zu.

# GEBET:

Herr, Allmächtiger Gott, O Brahman, oh Wort, ich lenke diese Wolke unerschöpflicher Energie zur Ausbreitung in oder auf (Name, Ort oder Situation):

Von der Erde und der See bis hoch hinauf in die obere Atmosphäre – ICH BIN nun die Autorität der weißen Feuerwolke, die sich spirituell manifestiert. Durch die dreifache Flamme meines Herzens BIN ICH der Befehlsgeber für die Kristallisation der Wolke vom Geist zur Materie.

Möge diese Wolke Gottes nun Folgendes verzehren:

(persönliche Umstände oder Weltsituation, wo Heilung oder Auflösung nötig ist).

Ich erbitte und ICH BIN die Freigabe
der strahlenden Energiewolke.
So sei es. Es ist vollbracht. Es ist voll-
endet. Es ist besiegelt.
Der Eifer des Herrn wird es vollziehen!
Amen.

9. Ist es Ihnen gelungen, das Bild der Wolke zu halten und diese Ihrem Höheren Selbst, den verborgenen Gott-Qualitäten in Ihnen, zu übergeben, um sie aufrechtzuerhalten, wird Ihre Gott-Gegenwart sie für die gewünschte Zeit am Leben erhalten.

Wenn die Zeit dafür gekommen ist, werden Sie feststellen, dass das Leuchten der Wolke Ihren physischen Körper sanft durchflutet. Wenn dies stattfindet, wird Ihr Verstand geschärft, und Sie werden ein neues Gefühl der Bewusstheit für alles Leben überall erlangen.

Während Sie durch diese Zeiten der Meditation mit der Wolke – die anfangs nicht länger als 15 Minuten pro Tag dauern sollte – spirituelle Kraft erwerben, sollten Sie wissen, **dass die kreative Wolke** sich als durchsichtiger, weißer Feuerball weiter ins Universum ausdehnt und in immer größer werdenden Kreisen wirbelt, um alles zu berühren, was Wirklichkeit ist und wirklich Ihnen gehört.[3]

# Die Geheimnisse

## von Reichtum

## und Fülle

Von Mark L. Prophet

"Nichts, was wir uns jemals vorgestellt haben, liegt jenseits unserer Möglichkeiten – es liegt höchstens jenseits unserer gegenwärtigen Selbstkenntnis."

Theodore Roszak

$\mathcal{D}$er Apostel Johannes sagt in der Bibel: "Meine Lieben, vor allen Dingen wünsche ich, dass ihr Reichtum und Gesundheit erfahren möget, in dem Maße, wie eure Seele wächst und gedeiht."

Reichtum bedeutet Fülle. Christus, der Herr, sagte, als er in Judäa predigte: "ICH BIN gekommen, auf dass sie leben mögen, und auf dass sie mehr Fülle erfahren." Irgendwie hat der Mensch die Angewohnheit, die Absicht des Meisters falsch zu interpretieren, ohne dies wirklich zu wollen, und schneidet sich so vom Göttlichen ab und leugnet dessen Plan.

Niemand von uns möchte wohl einen 'Wir-wollen-unseren-Reichtum-teilen-Plan' unterzeichnen, bei dem wir alles Geld des Planeten in einen Topf geben und am Ende kommen für jeden 98 Cent zusammen. Darauf würde es in etwa hinauslaufen. Würden wir jedoch tatsächlich alles Geld in einen Topf geben, es unter allen Menschen auf Erden aufteilen und jedem seinen Anteil geben, würde innerhalb von rund sieben Jahren das gesamte Geld wieder dorthin zurückgekehrt sein, wo es herkommt.

Dies ist wahr, denn die göttliche Verteilung von Reichtum auf diesem Planeten erfolgt nach karmischen Mustern und karmischen Gesetzen. In den meisten Fällen steht jedem Menschen, der Geld besitzt, dies gemäß seinem Karma auch zu - selbst wenn er es nicht in einem Leben erwirtschaftet hat, sondern es infolge einer Erbschaft zu ihm kam oder er steuerfrei im Lotto gewonnen hat. Das Geld fließt den Menschen zu, weil in ihrem Kausalkörper etwas steckt, das Reichtum anzieht. Wenn Sie die Gesetze der Fülle anwenden, erzeugen Sie gutes Karma und beginnen daher, Reichtum anzuziehen.

## ERSTES GEHEIMNIS

### VERURSACHEN SIE NIEMALS EINEN ENERGIESTAU

$\mathcal{D}$er Besitz von Geld an sich macht keinen Menschen besser oder schlechter. Überhaupt nicht. Geld bedeutet - wie jede Fähigkeit und Gabe Gottes auch - Verantwortung. Wenn Sie eine hübsche Summe Geld besitzen oder auch nur wenig Geld, so ist dies eine Form von Reichtum, die man nicht so aufstauen sollte wie das Tote Meer.

Der Jordanfluss mündet ins Tote Meer, doch im Toten Meer ist keinerlei Abfluss. Dies wurde in den Sonntagsschulen gern zur Illustration bestimmter spiritueller Gesetze verwendet: Wann immer etwas vorliegt, wo beständig etwas hinein-, niemals jedoch etwas herausfließt, ist das ein Symbol für Tod oder Stagnation, weil kein Fluss und keine Bewegung stattfindet.

Das Blut fließt durch den ganzen Körper und kehrt durchs Herz zu den Lungen zurück, um Sauerstoff zu tanken. Wir alle wissen, dass das Basisphysiologie ist. Doch es gibt dabei etwas nahezu Beängstigendes: In dem Augenblick, wo Sie eine Arterie aufstauen, bekommen Sie richtig Probleme.

Nun, Sie mögen sich wundern, warum ich dies erwähne. Einige Frauen, und auch Männer, haben Krampfadern. Die Ärzte können bei Krampfadern eine Operation durchführen, bei der sie bestimmte Blutgefäße stilllegen und so einfach den Blutfluss stoppen.

Ein Buch, das von einem Arzt geschrieben wurde, der einige Missstände in Kliniken und in der Schulmedizin aufzeigt, berichtet von einer Frau, die sich einer solchen Operation unterzogen hatte. Zwei Tage, nachdem der Arzt dieses Blutgefäß stillgelegt hatte, stellte sie fest, dass sie starke Schmerzen in den Zehen bekam, und diese sich entzündeten. Dann bemerkte sie, dass diese dunkel anliefen und sich verfärbten, anschließend der gesamte Fuß. Nun, als sie wieder beim Arzt vorsprach, war es zu spät, und sie verlor ihren ganzen Fuß. Er entwickelte Wundbrand, da in ihrem Fuß das Blut nicht mehr zirkulierte.

Ich glaube, nur sehr wenige Menschen erkennen, wie wunderbar die Natur funktioniert, um unsere Blutzirkulation durch den Organismus aufrechtzuerhalten. Nun, Fülle ist für die Kinder Gottes fast so selbstverständlich wie der Kreislauf des Blutes. Eines der Geheimnisse der Aufgestiegenen Meister lautet, immer alles fließen zu lassen und niemals den eigenen Energiefluss anzustauen. Geschäftsleute handeln in gewisser Weise ebenso, wenn sie ihr Kapital investieren und reinvestieren.

## ZWEITES GEHEIMNIS

### SCHENKEN SIE GOTT ZEHN PROZENT
#### VON SICH SELBST

Ein weiteres Geheimnis, um aus der Fülle zu schöpfen, besteht darin, zehn Prozent von sich selbst

Gott zu schenken. Es gibt kein Gesetz, das besagt, dass man nicht auch mehr geben könnte, doch ich denke, wenn man weniger gibt, bedeutet das eine Schmälerung der Saat.

Die Abgabe eines Zehntels nennt man "Zehnt". Heute erhielt ich eine Erkenntnis zum Wort "Zehnt". Ich verstand nicht "Zehnt", ich hörte "binde dich". (Im Englischen: "tithe" = "Zehnt" und "tie-thee" = "binde dich".) Die zehn Prozent sind der Anteil der göttlichen Fähigkeit, der zum Samen wird, um Sie an Ihre Gottesgegenwart, an Gott, an die große Quelle, zu binden, so dass der nächste Zyklus des Dezimalsystems wachsen kann. Es ist die Null, wie Sie wissen. Sie zählen eins, zwei, drei, vier, fünf, sechs, sieben, acht, neun – und dann binden Sie sich an die Gegenwart Gottes.

Indem Sie sich "binden", knüpfen Sie eine Verbindung, ein Band, Sie schaffen eine Vereinigung mit der Quelle, mit Ihrer Versorgungsquelle. Indem Sie diesen Zehnt abgeben, legen Sie den Samen, der Ihre Versorgung in den nächsten Zyklus wachsen lässt. Verweigern Sie dies Gott, so werden Sie keinen Ertrag erzielen. Indem Sie es zurückhalten, haben Sie verloren, da Sie keinen Samen haben, den Sie im nächsten Zyklus wachsen lassen können.

Es gibt einen erfolgreichen Unternehmer für Bau-
maschinen, der mit Gott einen Pakt geschlossen hat,
Gott zehn Prozent von all dem, was er als junger
Mann besessen hat, zu schenken. Dieser Mann hat
eine riesige Familie, reist durch die ganzen Vereinigten
Staaten und arbeitet für Gott. Er schenkt Gottes Unternehmen weit mehr Aufmerksamkeit als seinem
eigenen Maschinenunternehmen, das heute zu einem
gewaltigen Industrieunternehmen herangewachsen ist.
Er hat dieses Geheimnis für Reichtum und Fülle immer angewendet und Samen gelegt. Im Gegenzug hat
sich sein Bestand einfach immer weiter und weiter
vergrößert, da das Gesetz auch immer weiter für ihn
gearbeitet hat.

## DRITTES GEHEIMNIS

### SCHENKEN SIE HEIMLICH

Vor vielen Jahren schrieb Lloyd Douglas das
Buch"Herrliche Besessenheit". Darin enthüllte er eines
der großen Geheimnisse der Meister: "Nichts von dem
preisgeben, was man tut". Daher kommen manche

Menschen auf mich zu und flüstern mir ins Ohr: "Ich werde Ihrer Universität so und so viel spenden." Sie möchten nicht, dass jemand anders mithört, weil sie wissen, dass ihr Vermögen, wenn sie heimlich schenken, wieder um ein Vielfaches zu ihnen zurückkommen wird.

Eines der Probleme in der modernen Kirche besteht in der Veröffentlichung der Namen der Spender der Kirchenliteratur. In New York City gibt es eine enorme Aktivität in dieser Richtung. Jeder, der eine Spende macht, wird als "Sponsor" bezeichnet. Dann werden die Namen aller Sponsoren auf einer Liste veröffentlicht. Wie Jesus sagte: "Wahrlich, wahrlich, sie werden ihren Lohn davontragen."

In der Bibel gibt es eine Stelle, an der dieses Geheimnis preisgegeben wird: "Wenn ihr gebt, spielt keine Trompeten für euch selbst, wie die Pharisäer es tun. Sondern schenket im Geheimen."

## Viertes Geheimnis

### Schenken Sie etwas,
#### auch wenn es nur ganz wenig ist

*E*in weiteres Geheimnis für Reichtum und Fülle besteht darin, etwas von dem kleinen Bisschen, was man hat, zu geben. Manche Menschen haben sehr wenig Geld. Sie sagen: "Ach, was hasse ich es, dem Summit Lighthouse 98 Cent zu geben. Es ist so wenig." Aber Herr Rockefeller gab den Menschen nur einen Groschen, nicht wahr? Er gab den Menschen immer nur zehn Cent. Er händigte immerzu 'Zehn-Cent Stücke' aus als seine karitative Spende.

Empfinden Sie es also nicht so, als wäre es wertlos, wenn Sie nur eine kleine Summe spenden. Gott weiß genau, was Sie besitzen. Kein anderer braucht es zu wissen. Betrachten Sie es folgendermaßen: Es ist segensreicher zu geben, als zu empfangen - und Sie werden empfangen, denn Geben ist ein Geheimnis von Reichtum und Fülle. Menschen, die den Fluss anstauen, indem sie sagen: "Ach, ich habe Angst", erzeugen nur Angst in ihren Welten.

## FÜNFTES GEHEIMNIS

### NUTZEN SIE DIE GABEN, DIE GOTT IHNEN GESCHENKT HAT

*D*iese Angst wurde in der Parabel vom Diener, der nur ein einziges Talent bekam, bildlich dargestellt. Bevor sein Herr aufbrach, um in ferne Länder zu reisen, vertraute dieser seinen Dienern je nach deren Fähigkeiten einige seiner Besitztümer an. Einem Diener gab er fünf Talente, einem anderen zwei Talente und einem dritten Diener gab er ein Talent. Damals war ein Talent eine wertvolle Silbermünze.

Als der Herr zurückkehrte, wollte er wissen, was sie mit ihrem Geld gemacht hätten. Er fragte den Diener, dem er fünf Talente gegeben hatte: "Wie erging es dir damit?" Der Mann sagte: "Ich habe fünf weitere Talente mit den Talenten erwirtschaftet, die du mir gegeben hast."

Der Herr sagte: "Sehr gut, du bist ein tüchtiger und treuer Diener. Du bist im Kleinen ein treuer Verwalter gewesen, ich will dir eine große Aufgabe übertragen. Komm, nimm teil an der Freude deines Herrn!"

Der zweite Diener berichtete, dass er seine Talente ebenfalls verdoppelt hätte. Dann kam der arme kleine Kerl an die Reihe, der das eine Talent hatte. Er hatte es in ein Taschentuch eingeschlagen und in der Erde vergraben.

Der Mann zog das eine lausige Talent aus dem Boden, nahm es aus dem alten, modrigen Taschentuch und sagte zu seinem Herrn: "Hier ist exakt das, was du mir gegeben hast. Ich wusste, dass du ein harter Mensch bist, und hatte Angst, mein Herr, wegen dieser schrecklich großen Verantwortung. Daher nahm ich das eine Talent, das du mir gegeben hast, und versteckte es in der Erde."

Der Herr schaute ihn recht streng und seltsam an. Dann sagte er: "Du schlechter, fauler Diener. Nehmt ihm daher das Talent fort und gebt es dem, der zehn Talente hat. Denn jedem, der hat, soll gegeben werden, und er soll reich sein: aber dem, der nicht reich ist, soll das genommen werden, was er besessen hat."

Diese Parabel wurde oft schlecht gemacht und falsch verstanden. Sie wurde zitiert, um zu zeigen, dass die, die nicht viel haben, weniger haben werden, und die, die etwas besitzen, noch mehr haben werden. Aber das war damit überhaupt nicht gemeint. Was die Parabel zeigte, war die Tatsache, dass dem

Mann, der das eine Talent hatte, es jedoch nicht nutzte, sein Talent weggenommen worden war.

Lassen Sie diese Schriften von niemandem ins Lächerliche ziehen, denn das Geheimnis von Reichtum und Fülle ist deutlich ausgedrückt: "Nutze, was du hast." Erkennen Sie, worum es geht? Es ist um einiges anders, als man sagt. Mehr als die Hälfte der Menschen, die zu diesen Schriften predigen, verstehen ihre wahre Botschaft nicht.

Indem wir folglich Gottes Geschenke an uns weise nutzen, mehren wir sie um ein Vielfaches. Dabei muss es nicht um Geld gehen. Geld ist lediglich ein Tauschmittel. Zu diesem Konzept kann auch das Dienen gehören, beispielsweise der Dienst am Nächsten. Dies kann sich auf andere Menschen sowie auch auf Ihre eigene Familie beziehen.

## SECHSTES GEHEIMNIS

### BETRACHTEN SIE DIE WELT ALS IHRE FAMILIE

Einer der Faktoren, die das Bewusstsein verhärten und dafür verantwortlich sind, dass der

Versorgungsstrom in unsere Welt unterbrochen wird, ist das Gefühl, Menschen zu "besitzen". Viele Menschen haben das Empfinden, dass ihre Kinder, ihre Partner, Eltern oder Geschwister - mit anderen Worten ihre Familie - das Wichtigste sind.

Doch man kann Menschen nicht besitzen, und sie besitzen uns nicht. Alle Menschen sind frei. Die Vorliebe für einen exklusiven Familienkreis, der jeden anderen Menschen in der Welt ausschließt, ist einer der Gründe dafür, dass unser Bewusstsein verhärtet und Reichtum und Fülle nicht einströmen.

Wenn Sie die Welt als Ihre Familie betrachten, bedeutet das nicht, das Sie jedem Bettler, der Ihnen über den Weg läuft, einen Dollar geben müssen. Wenn Sie jedoch beginnen, darüber nachzudenken und zu fühlen, dass man andere Menschen außerhalb der Familie lieben und auch für andere etwas tun kann - nicht unbedingt für jemanden, den Sie lieben, sondern für jemanden, den Sie vielleicht sogar nicht einmal persönlich kennen - beginnen Sie, wie Gott zu denken. Denn Gott muss seine Energie und Unterstützung Menschen geben, die ihn hassen und ihn anspucken.

Wissen Sie, dass es Menschen gibt, die Gott auf diesem Planeten verfluchen und es auch so meinen? Ich habe gehört, wie Menschen Gott verdammen, ihre Faust vor seinem Gesicht ballen und ihn herausfordern, sie mit dem Blitz zu treffen. In den meisten Fällen dreht sich Gott weg und pumpt immer noch Atem und Lebensenergie in diese Menschen. Er kümmert sich weiterhin um sie, denn er ist unpersönlicher und persönlicher Gott zugleich.

Eines der größten Geheimnisse für Reichtum und Fülle ist also die Fähigkeit, sich von persönlichen Belangen zu lösen und unpersönlich zu werden. Diese Fähigkeit ist ein Magnet, der Sie Gott gleich macht.

## SIEBTES GEHEIMNIS

### VERGESSEN SIE NICHT, DASS DIE GOTTESGEGENWART IHRE VERSORGUNGSQUELLE IST

"ICH BIN gekommen, um ihnen Leben zu verleihen, und damit sie in größerer Fülle leben mögen", ist das Geheimnis hinter allem. Die Bibel sagt nicht: "Ihr seid gekommen", sie sagt "ICH BIN gekommen" – mit anderen Worten, das ICH BIN, Gott in mir, ist gekommen ... "auf dass sie ein reicheres Leben haben mögen". Dies beschreibt, dass die

Gottesgegenwart Ihre Versorgungsquelle ist. Versorgung kommt nicht aus äußeren Quellen.

Ich kann Ihnen eine lustige Geschichte über das 'Summit Lighthouse' erzählen. Eigentlich ist sie gar nicht so lustig, doch zufällig ist es eine wahre Begebenheit. In unseren Anfängen, als wir in Washington D.C. waren, betrug unser Budget viel weniger als heute. Manchmal wartete ich drei bis vier Tage, bevor ich zum Postamt fuhr, um die Post zu holen. Dann bekamen wir einen ansehnlichen Stapel, und es sah so aus, als würden wir mehr Geld bekommen.

Das baute mich moralisch auf. Wenn ich hinging und nur vier oder fünf Umschläge vorfand, war es deprimierend, insbesondere, da wir eine Menge Rechnungen zu bezahlen hatten. Also wartete ich immer und brachte einen dicken Stapel mit nach Hause.

Einmal verfolgte ich die Spenden über einen Zeitraum von mehreren Monaten. Ganz gleich, ob die Post ein dicker Stoß oder nur halb so viel war oder auch nur aus vier Briefen bestand – die Geldmengen in den Umschlägen schienen nie um mehr als 10 Dollar voneinander abzuweichen. Nun stellen Sie sich das bitte einmal vor.

Ich öffnete drei Umschläge, und es war eine 100 Dollarnote in einem, vielleicht eine 50 Dollarnote im zweiten und ein Scheck über 75 Dollar im nächsten. Diese drei Umschläge beinhalteten ebenso viel Geld wie ein dicker Stapel Post.

Ein andermal kam ich dann mit der Post nach Hause und sagte: "Ach so etwas, heute haben wir wirklich viel bekommen" – doch dann lag nur ein Dollar in einem Umschlag bei, 50 Cent in einem anderen, ein Dollar im nächsten und ein Scheck über einen Dollar und 75 Cent in einem anderen Umschlag. Eine Frau schickte mir einen Scheck über 75 Cent! Und so ging es immer weiter, den ganzen dicken Stapel Post hindurch.

Ich habe also festgestellt, dass der Herr sich um uns kümmert, egal, aus welcher Quelle wir schöpfen. Wir haben es selbst erlebt und erkannt, dass wir beständig versorgt werden.

## ACHTES GEHEIMNIS

### RUFEN SIE FORTUNA AN

Wir haben außerdem festgestellt, dass die Aufgestiegene Meisterin Fortuna die Macht besitzt, mehr Geld fließen zu lassen, wenn wir es wirklich brauchen.

Ich werde Ihnen eines unserer Geheimnisse verraten: Jedes Mal, wenn wir Probleme bekommen und einen Vertrag erfüllen müssen und das Geld dazu nicht haben, steigen wir auf diese Plattform hier, und unser gesamtes Team spricht folgendes Dekret an Fortuna:

"Lichtschätze"

Fortuna, Göttin der Versorgung,
von allen Reichtümern Gottes aus den Himmelreichen dort oben,
lass' deine Schätze aus der Sonne fließen und verleihe nun jedem,
dessen Herz im Takt
mit Gottes eigenem Licht schlägt,
die Kraft, von hoch oben aus dem Himmel Fülle anzuziehen, um den Plan weiter auszuführen,
den die Meister für jeden bereithalten.

Stimme unser Bewusstsein auf dich ein, erweitere unsere Sicht, damit wir jetzt sehen können,

dass Überfluss für alle bestimmt ist,
die zu Gott hinschauen und dich an-
rufen.

Wir bitten nun, wir befehlen nun,
gib reichlich Manna aus Gottes Hand,
damit nun unten so wie oben
die gesamte Menschheit Gottes Liebe
zum Ausdruck bringen möge.

Manchmal rezitieren wir dieses Dekret 10, 15 oder
20 Minuten, manchmal auch eine halbe Stunde lang.
Ausnahmslos bringt die Post dann innerhalb weniger
Tage den benötigten Geldbetrag ins Haus.

## NEUNTES GEHEIMNIS

### VERTRAUEN SIE AUF GOTT

*D*ies bedeutet, dass wir nicht Menschen als
unsere Versorgungsquelle betrachten sollten. Am An-
fang, als ich diese Aktion mit der Hilfe der Aufgestiegenen Meister begann, hatten wir eine mehr als 16 Millionen Dollar schwere Dame in unserer Organisation.

Wir dachten, sie werde wirklich eine große Unterstützung für uns sein – menschlich gedacht. Niemals in unserem Leben waren wir mehr enttäuscht – und das wahrscheinlich zu Recht.

Dann schwebte uns ein weiterer Engel über den Weg, der uns jeden Monat regelmäßig einige 100 Dollar zukommen ließ. Doch sie war wegen einer Kleinigkeit verärgert und bremste den Geldfluss. Sie ist sehr sprunghaft – ab und an hören wir von ihr, doch nicht sehr oft.

Wir haben es aufgegeben, für unseren Unterhalt nach Menschen zu suchen. Wir richten unser ganzes Augenmerk auf Gott. Dies ist ein weiteres Geheimnis, um gut versorgt zu sein: Verlassen Sie sich nicht auf irgendeinen Menschen – verlassen Sie sich auf Gott.

Meine Ehefrau Elizabeth besaß bei weitem mehr Sinn für Fülle und Reichtum als ich selbst. Ich war als Sohn eines Bauern und Ranchers aufgewachsen und besaß nichts. Mein Vater stammte eigentlich von einer kanadischen Ranch und hatte seine eigene stattliche Ranch. Er verkaufte sie für einen Dollar an seinen Vater.

Dann ging er in die Vereinigten Staaten, weil er glaubte, er würde die Ranch nach dem Tod seines Vaters zurückbekommen. Doch sein jüngerer Bruder blieb zu Hause, betrieb die Ranch und erschlich sich das Herz seines Vaters. Daher überließ ihm sein Vater die Ranch, und mein Vater wurde darum betrogen.

Mein Vater hatte nicht allzu viele Fähigkeiten. Er besaß nicht viel Bildung und musste für sein Geld hart arbeiten. Ihm wäre es auf der kanadischen Ranch gut ergangen, doch in den Staaten hatte er eine ziemlich harte Zeit. Er starb, als ich neun Jahre alt war. Doch meine Mutter war keine starke Frau. Sie war sehr aufgeregt und nervös, weil sie ein neunjähriges Kind allein aufziehen musste. Oft hatte ich im Haus nichts außer vielleicht zwei bis drei Scheiben Brot zu essen.

Als ich im Zweiten Weltkrieg in die Luftwaffe der Vereinigten Staaten eintrat, war meine Mutter eine Witwe, die allein in einem kleinen Haus lebte und wenig Geld hatte. Ich gab ihr einen Zuteilungs-Scheck der Armee für Angehörige über 25 Dollar, und sie konnte etwa 25 Dollar pro Monat verdienen. So hatte sie im Monat etwa 50 Dollar zum Leben, was nicht viel für Essen, Busfahrten, Steuern, den Unterhalt eines Hauses und einige andere Dinge war. Es war recht hart. Als ich daher aus der Armee kam, hatte ich nichts.

Elizabeth war ein wenig anders. Sie besaß ebenfalls nichts. Doch sie trat mit neun Jahren der Christian Science ("Christlichen Wissenschaft") bei und lernte deren Konzepte für Fülle und Reichtum. Ich war mehr nach den Lehren der methodistischen Kirche erzogen worden. In der Tat war ich Mitglied der gleichen Kirche wie der frühere Senator Alexander Wiley.

Senator Wiley gehörte zu den reichen Leuten in meiner Heimatstadt. Es gab viele reiche Leute die Methodisten waren, und einige wenige von uns armen Leuten. Wir saßen in der Kirche alle nebeneinander, doch das war in etwa auch schon der ganze Kontakt zwischen uns.

Es herrschte ein gewaltiger Unterschied zwischen meinem Bewusstsein für Fülle und Reichtum und dem von Elizabeth. Als ich mit dieser Arbeit begann, hatte ich ein wenig Angst. Ich weiß, was es bedeutet, wenn man sich Gedanken darüber machen muss, wo man seine nächste Mahlzeit oder seinen nächsten Dollar herbekommt. Elizabeth hatte nichts von alledem. Sie war von Kindheit an praktisch darauf trainiert zu vertrauen, dass Gott sich um ihre Bedürfnisse kümmert.

Ich erfuhr viel von meinem Wissen über Fülle und Reichtum von Elizabeth. Sie pflegte zu mir zu sagen: "Nun, Gott möchte jetzt, dass wir das bekommen, also werden wir jetzt eine Anzahlung dafür leisten." Ich sagte dann für gewöhnlich: "Wir haben nicht genug Geld, um das zu bezahlen. Was ist los mit dir? Das können wir nicht machen." Sie sagte daraufhin dann immer: "Gott kann uns alle Bedürfnisse erfüllen. Wir werden jetzt einfach eine Anzahlung dafür leisten, und wenn wir es nicht bezahlen können, vergessen wir es einfach wieder."

Diese Frau hat meine ganze Denkweise verändert, seitdem ich sie kennen gelernt habe. Ich wäre überhaupt nicht überrascht darüber, dass sie, wenn sie nach London reiste und die London Bridge sähe und beschließen würde, sie zu kaufen, das Geld dafür aus dem Ärmel schütteln würde. Sie würde eine Anzahlung dafür leisten und am Ende auch noch die Besitzerin sein. Ich bin mir sicher, sie würde die britische Krone davon überzeugen, die London Bridge herzugeben!

Ein Großteil dessen, was ich über Fülle und Reichtum gelernt habe, verdanke ich also den Meistern, die mit Elizabeth arbeiten. Ich bin mir sicher, dass Sie erkennen, dass ich ihr etwas zurückzugeben hatte, denn ich selbst besaß andere Gaben. Ich war einer von denen, für die gilt: "Gesegnet sind die Armen im Geiste, denn ihrer wird das Himmelreich sein."

Gemeinsam waren wir beide imstande, viel über die Geheimnisse von Reichtum und Fülle herauszufinden, da wir unseren Reichtum dem 'Summit Lighthouse' geben, und das ist gut so.

## ZEHNTES GEHEIMNIS

### HEBEN SIE IMMER EIN SAMENKORN FÜR REICHTUM UND FÜLLE AUF UND HALTEN SIE IHRE GEDANKEN AUF EINEM HOHEN NIVEAU

*E*inige unter Ihnen wissen nicht, dass ich, als wir mit dieser Aktivität begannen, Anzüge der Heck Company von Heck in Washington D. C. trug. Diese Anzüge mit je zwei Hosen kosten 19 Dollar. Ich erinnere mich noch daran, als ich in diesem absolut großartigen Haus vor jener 16 Millionen Dollar schweren Dame in diesem ausgebeulten Anzug auf der Bühne stand, der 19 Dollar wert war. Sie saß direkt vor mir in ihren königlichen Kleidern und ließ nie etwas springen, um dieses Problem zu beheben. Nahezu ein Jahr lang lief ich mit jener Ausstaffierung herum.

Doch dann erklärten die Meister mir die Gesetze von Fülle und Reichtum, und ich begann, diese Gesetze anzuwenden. Das Erste, was ich tat, war, dass ich begann, in maßgeschneiderten Anzügen aufzutreten.

Wir haben also etwas über Fülle und Reichtum gelernt, indem wir den schweren Weg gegangen sind, und wir wissen, dass diese Gesetze bei jedem funktionieren. Es gibt niemanden, der ohne irgendetwas, was er braucht, auskommen muss. Es gibt auch keinen Grund dafür, mehr zu besitzen, als man wirklich braucht.

Manche Menschen sagen: "Nun, ich werde etwas Geld für schlechte Zeiten zurücklegen." Ich denke, es ist eine gute Idee, besonnen zu handeln.

Meister Morya lehrte mich dies vor einigen Jahren, als ich mich gerade in ziemlich beschränkten Verhältnissen befand. Einmal, nachdem ich eine Rechnung beglichen hatte, hatte ich noch sechs Dollar in der Tasche – und einen ganzen Berg Schulden am Hals. Ich fuhr gerade einen brandneuen Lincoln, aber ich hatte nicht einmal das Geld, einem meiner Freunde, der Millionär war und mir Geld geliehen hätte, ein Telegramm zu schicken.

Also erschien Meister Morya und sagte: "Genug jetzt mit diesem Unfug!" Ich sagte: "Was meinst du?"

Er sagte: "Du solltest dir eines merken: Ganz gleich, wie arm du bist, lege dir immer 100 Dollar irgendwo auf die Seite, um darauf zurückgreifen zu können. Du musst nicht viel zurücklegen, doch bewahre stets 100 Dollar in bar irgendwo versteckt auf."

Ich weiß, dass sehr wenige unter Ihnen wirklich im landläufigen Sinne arm sind. Das macht nichts. Es ist trotzdem eine mächtig gute Idee, mindestens 100 Dollar entweder in bar oder als Reisescheck bei sich oder irgendwo versteckt zu haben.

Dies ist ein guter Rat für jeden. Ich werde Ihnen verraten, weshalb. Meister Morya zeigte mir, dass dies ein Same für Fülle und Reichtum ist.

Wenn Sie alles bis auf den letzten Cent ausgegeben haben – und es ist wirklich ein schreckliches Gefühl, leere Taschen zu haben –, haben Sie überhaupt nichts mehr, worauf Sie zurückgreifen können, außer vielleicht Ihre Freunde. Sie gehen zu Ihren Freunden, und – Sie können Gift darauf nehmen – sie werden Ihnen erzählen, dass sie Ihnen leider nicht helfen können, da sich alles Mögliche ereignet hat oder ihr Geld gerade fest angelegt ist.

Heben Sie also einen Samen für Reichtum und Fülle auf und halten Sie Ihre Gedanken auf einem sehr positiven und hohen Niveau. Nun – das fällt schwer, wenn man gerade völlig k.o. ist, aber wenn es nicht so schwer wäre, würden es alle tun.

Wenn Sie lernen, nicht jeden Cent auszugeben, sondern dafür zu sorgen, dass genug übrig ist, um sich, für den Fall, dass Sie in Schwierigkeiten geraten, über Wasser zu halten, werden Sie in diesen besagten Samen Vertrauen setzen. Dann können Sie sich an Gott wenden, und er wird Sie mit der Weisheit beschenken, wie Sie das, was Sie besitzen, einsetzen können, um mehr daraus zu machen. Brauchen Sie jedoch alles auf, bis Sie pleite, gebeugt und gebrochen sind und kopfstehen, ist es oft so, dass Ihr Vertrauen erschüttert wird.

Ich denke, dass der Herr mich einmal durch diese Mühle geschickt hat, um mir das Gesetz beizubringen. Ich musste dies erleben, um zu wissen, welche Ratschläge ich meinen Mitmenschen erteilen kann, da zu unseren Aktivitäten die verschiedensten Menschen kommen – Arme und Millionäre, Bauern und Industrielle.

Wir haben unter unseren Mitgliedern einige wirklich wunderbare Menschen. Manchmal fragt mich der Mann mit der einen Million Dollar genauso um Rat wie der Mann, der nichts besitzt, und wir möchten die Menschen gern richtig beraten.

## ELFTES GEHEIMNIS

### SCHWINGEN SIE DIE PUMPE UND KURBELN SIE DIE DINGE WIEDER AN

Ihre Gedanken haben viel damit zu tun, wie viel Reichtum und Fülle Sie umgeben. Manchmal besteht die Möglichkeit, ein Muster zu brechen, darin, Geld auszugeben. Es gab Zeiten, da ging alles schlecht – und ich zog los, um mir einen teuren Anzug zu kaufen – mitten im schlimmsten Niedergang. Ich bekam solchen Auftrieb durch die Tatsache, dass ich diesen Anzug trug, dass mein Geist Höhenflüge machte. Und wissen Sie, was das Erste war, was passierte – das Geld floss wieder!

Es ist das altbekannte Prinzip von der Pumpe, die man in Gang setzen muss. Man muss etwas von sich selbst freigeben, da man sich in einer geistigen Stagnation befindet. Das ist das ganze Geheimnis von Reichtum und Fülle.

Wie ich bereits sagte – der Grund dafür, weshalb die Fülle sich nicht in die persönlichen Welten der Menschen ergießt, liegt darin, dass diese aufgehört haben zu geben. Es ist egal, wie viel Wasser in einer

Leitung ist. Es braucht nur ein kleines Rinnsal zu sein, aber wenn es nichts gibt, was es aufhält, können Sie das Wasser zum Fließen bringen.

Daher ist es wertvoll, die Dinge anzukurbeln. Daher kann eine Frau losziehen und sich ein neues Kleid kaufen. Sie kann sich ab und zu ein teures Schmuckstück kaufen. Der Auftrieb, den sie dadurch erhält, sowie das freigesetzte Geld werden den Versorgungskreislauf wieder in Schwung bringen.

Sie müssen verstehen, wie man mit den Gesetzen von Reichtum und Fülle arbeiten muss. Sie arbeiten mit ihnen nicht nur über Gebete und richtiges Denken, sondern auch, indem Sie zusehen, dass das Gesetz der Stagnation in Ihrer Welt nicht funktioniert und Ihre Versorgung nicht blockieren kann.

Daher haben einige der großen Multimillionäre erhebliche Risiken auf sich genommen und sind manchmal ganz groß herausgekommen. Das ist keine Glückssache. Es ist eine Frage der Anwendung des Gesetzes.

## ZWÖLFTES GEHEIMNIS

### ERKENNEN SIE, DASS FÜLLE EINE AUFGABE DES GEISTES IST

*I*ch bin stets darum bemüht, dass die Menschen verstehen, dass Reichtum und Fülle mehr eine Aufgabe des Geistes als des "Fleisches" sind. Viele von uns möchten gern glauben, dass Reichtum und Fülle etwas ist, was vom Fleisch stammt – d.h., dass viel Geld in unsere Welt fließen wird, wenn wir die Gesetze anwenden.

Geld ist das, was der Mensch immer zu erstreben scheint. Doch das ist nicht wirklich die Antwort. Glück, Zufriedenheit, Seelenfrieden, Verständnis, Mitgefühl, Toleranz und alle guten Lebensqualitäten sind mehr wert als alles andere. Das kann man mit Geld nicht kaufen.

Doch man kann in der modernen Welt nicht ohne Geld leben, außer man ist Friedenspilger oder Ähnliches. Sie können die Bettelschale benutzen wie die Armen in Indien. Sie laufen mit einer Bettelschale umher und betteln den ganzen Tag lang, bis jemand Mitleid mit ihnen hat und eine Münze in ihre Schale fallen lässt. Dann ziehen sie los, um sich ihr Essen zu kaufen.

Ich glaube nicht, dass die Mehrheit von uns so leben könnte, insbesondere, wenn wir Familie haben. Ich weiß, dass das Summit Lighthouse so nicht leben könnte, da wir eine Druckerpresse unterhalten müssen, so dass wir die Lehren der großen Meister fortwährend veröffentlichen können.

## DREIZEHNTES GEHEIMNIS

### SIND SIE VERSUCHT, SICH SORGEN ZU MACHEN, LENKEN SIE IHRE GEDANKEN AUF GOTT

Es ist interessant, wie Gott für die Befriedigung unserer Bedürfnisse vorgesorgt hat. Ich glaube, jeder von Ihnen sollte das Vertrauen entwickeln, dass Gott sich um Ihre Bedürfnisse kümmern wird, ganz gleich, welche dies sind. Niemand auf der Welt sollte sich um seine Zukunft Sorgen machen. Damit blockieren Sie in der Tat den Zustrom der guten Dinge in Ihre Welt.

Sorgen schneiden Sie definitiv vom Glück ab.

Ab dem Augenblick, da Sie beginnen, sich Sorgen zu machen, stimmen Sie sich auf die Schwingung von Millionen anderer Menschen ein, die sich ebenfalls gerade Sorgen machen. Sie mögen es nicht wissen, doch deren Gedanken werden in Ihr Unterbewusstsein und in Ihre Welt gezogen – wie von einem Magneten. Und eh Sie sich versehen, geht es mit Ihnen aufgrund dieser Gedanken bergab, bergab, bergab, bergab.

Zu den größten Geheimnissen der Fülle zählt es, sich in die richtige Denkweise einzustimmen, indem man selbst richtig denkt. Richten Sie Ihre Gedanken auf Gott und die Meister und ein Gefühl der unerschöpflichen Fülle aus. Lernen Sie, ein Gefühl zu entwickeln nach dem Motto: "Egal, was ich brauche, es wird mir gegeben werden."

Viele Menschen lachen über das, was ich zu dem Mann gesagt habe, von dem wir unser letztes Haus gekauft haben. Unten am Fuß des Berges war eine betonierte Straße, und ich sagte: "Das ist unsere Landebahn für unseren Helikopter."

Nun, ein Helikopter kostet Tausende von Dollar. Mir kam der Gedanke, dass Gott mir einen Helikopter zur Verfügung stellen, und ich lernen würde, ihn zu fliegen. Dann könnte ich durch die Vereinigten Staaten fliegen und Vorträge halten.

Wir besitzen ihn noch nicht, doch das Haus kostete viel mehr Geld als ein Helikopter, und der Herr hat für das Haus gesorgt. Wir glauben immer noch, dass wir, wenn wir eine Ranch bekommen und unsere Universität gründen, einen Helikopter haben werden, um hier in diese Gegend zu fliegen. Vielleicht können wir damit im ganzen Land herumreisen.

Elizabeth sagt, sie werde nicht mit mir fliegen. Ihr Bewusstsein für Reichtum und Fülle ist sehr hoch, doch sie scheint kein Vertrauen in meine Vision zu haben, einen Helikopter zu fliegen!

Ich hoffe, ich habe Ihnen mit diesen Worten ein wenig geholfen. Ich hätte meinen Vortrag länger gestalten können, doch ich hatte das Gefühl, dass die Punkte, die ich angeführt habe, wertvoll sind. Sie können Ihre Schale immer so voll machen, dass sie überläuft, doch ich hoffe, dass ich in diese Rede zumindest eine halbe Schale voll guter Dinge für Sie gepackt habe.

# GEHEIMSCHLÜSSEL,
## UM AUS DER FÜLLE ZU SCHÖPFEN

1. *Seien Sie dankbar für alles, was Ihnen widerfährt.*

2. *Verzeihen Sie sich selbst.*

3. *Lassen Sie Ihre Ängste los.*

4. *Entfachen Sie Ihren Glauben neu.*

5. *Visualisieren Sie, wie Ihre Träume Wirklichkeit werden.*

6. Setzen Sie das Wissen von der makellosen Matrix in die Tat um.

7. Reinigen Sie Ihr Unterbewusstsein.

8. Erstellen Sie eine "Schatzkarte".

9. Folgen Sie den neun Schritten zur Manifestation.

10. Meditieren Sie über die Erzeugung der Wolke aus unerschöpflicher Energie.

## DIE GEHEIMNISSE VON REICHTUM UND FÜLLE

1. *Verursachen Sie niemals einen Energiestau.*

2. *Schenken Sie Gott zehn Prozent von sich selbst.*

3. *Schenken Sie heimlich.*

4. *Schenken Sie etwas, auch wenn es nur ganz wenig ist.*

5. *Nutzen Sie die Gaben, die Gott Ihnen geschenkt hat.*

6. *Betrachten Sie die Welt als Ihre Familie.*

7. Vergessen Sie nicht, dass die Gottesgegenwart Ihre Versorgungsquelle ist.

8. Rufen Sie Fortuna an.

9. Vertrauen Sie auf Gott.

10. Heben Sie immer ein Samenkorn für Reichtum und Fülle auf und halten Sie Ihre Gedanken auf einem hohen Niveau.

11. Schwingen Sie die Pumpe und kurbeln Sie die Dinge wieder an.

12. Erkennen Sie, dass Fülle eine Aufgabe des Geistes ist.

13. Sind Sie versucht, sich Sorgen zu machen, lenken Sie Ihre Gedanken auf Gott.

# ANMERKUNGEN

1. Weitere Informationen zur violetten Flamme, siehe Elizabeth Clare Prophet "Die violette Flamme. Heilung für Körper, Geist und Seele" (Silberschnur 2005).

2. Das "Summit Lighthouse" wurde 1958 von Mark L. Prophet gegründet, um die Lehren der Aufgestiegenen Meister, der Heiligen und Weisen des Ostens und Westens zu veröffentlichen, die die Vereinigung mit Gott erlangt haben.

3. Die Lehren von Saint Germain, die in diesem Buch zitiert sind, insbesondere "Die neun Schritte zur Manifestation" und die "Meditation zur Erzeugung einer Wolke", sind dem Buch "Saint Germain über die Alchemie – Formeln zur Selbstverwandlung" (Livingston, Montana, Summit University Press, 1993) entnommen.

*Weiterführende Informationen* zu
Büchern, Autoren und den Aktivitäten
des Silberschnur Verlages erhalten Sie unter:
*www.silberschnur.de*

Sie können uns alternativ
die beiliegende *Postkarte* zusenden.

Ihr Interesse wird belohnt!

*Interessante Diskussionen* zu
den Themen des Silberschnur Verlages
finden Sie unter:
*www.forum-spiritualitaet.de*

*Tauschen Sie sich mit anderen Lesern
aus über Inhalte und Themen,
die Sie wirklich interessieren!*

*Hier geht die Silberschnur-Welt weiter!*

144 Seiten, broschiert,
ISBN 978-3-89845-249-6
€ [D] 6,95

Elizabeth Clare Prophet
## Die Engel dir zur Seite

In ihren vier Erzengel-Bänden hat sich die amerikanische Bestsellerautorin Elizabeth Clare Prophet als wahre Engelspezialistin erwiesen. In diesem Buch geht es um den oder die Schutzengel, die dem Menschen zum Schutz zur Seite gestellt sind.

Christus selbst ist unser bedeutsamster Schutzengel, und er führt die anderen Schutzengel an, die unseren Weg begleiten. Doch wir haben nicht nur einen Schutzengel – wir haben viele. Der Leser wird behutsam durch praktische Übungen und interessante Enthüllungen in die Welt der Schutzengel entführt. So können wir lernen, all diese Engel in unser Leben zu integrieren.

128 Seiten, broschiert,
ISBN 978-3-89845-089-8
€ [D] 6,95

Elizabeth Clare Prophet
## Die Violette Flamme
*Heilung für Körper, Geist & Seele*

Die Violette Flamme ist ein Licht, das allen Lebensformen dient und ihnen Achtung und Würde verleiht. Sie ist ein Mittel, sich untereinander zu verbinden und eine Form spiritueller Energie. Sie ist das Attribut des geheimnisvollen Grafen St. Germain, dessen Botschaften E. C. Prophet unter anderem channelt. Heiler und Alchemisten in aller Welt nutzen diese hochfrequente Energie, um Harmonie und Frieden in diese Zeit des spektakulären Übergangs in ein neues Bewusstsein zu bringen. Der Leser erhält in diesem Band unserer "Kleinen Reihe" das Rüstzeug, um mit der Violetten Flamme zu arbeiten.

Elizabeth Clare Prophet

# Mantras des Westens

Immer mehr Studien weisen auf das hin, was die Menschheit seit Tausenden von Jahren intuitiv weiß: Beten funktioniert! Bereits die einfache Tatsache, dass man seinen Wunsch einer höheren Macht gegenüber zum Ausdruck bringt, führt zu positiven Ergebnissen.

128 Seiten, broschiert
ISBN 978-3-89845-171-0
€ [D] 6,95

Auf ihre einfache und eindrucksvolle Art führt die amerikanische Bestseller-Autorin die Macht des Wortes in all seinen Nuancen vor, wobei ihre Fallbeispiele jeden noch so skeptischen Leser von der Wirksamkeit des gesprochenen Wortes überzeugen müssen ...

Elizabeth Clare Prophet

# Erzengel Michael

Erzengel Michael gilt seit jeher als der größte und meistverehrteste Engel in den jüdischen, christlichen und islamischen Traditionen. Er ist der „Engel des Herrn", der Engel der Gegenwart Gottes.

144 Seiten, broschiert
ISBN 978-3-89845-147-5
€ [D] 6,95

E. C. Prophet schlüsselt – basierend auf Bibeltexten wie auch auf Tatsachenberichten – die Bedeutung des Erzengels auf, die er sowohl für jeden einzelnen hat als auch für die gesamte Menschheit. Er erinnert uns gerade in der heutigen Zeit, in der es recht dunkel ist auf der Erde, daran, die Verbindung zu unseren himmlischen Helfern nicht zu kappen. Denn: „Es gibt eine Welt des Lichts, die die Welt der Dunkelheit überlagert, und alles, was ihr tun müsst, ist, euch nach dem Licht auszustrecken ...“

**Kazuo Murakami**

# Der göttliche Code des Lebens

*Ein neues Verständnis der Genetik*

Dieses in viele Sprachen übersetzte Buch ist einer der besten Beiträge zur Frage der Interaktion zwischen Genen, Umwelt und Bewusstsein. Der japanische Biowissenschaftler Murakami geht der Frage nach, ob positive Gefühle Gene aktivieren können oder, anders ausgedrückt, ob der Geist etwas mit dem körperlichen Wohlbefinden zu tun hat.

152 Seiten, gebunden
ISBN 978-3-89845-226-7
€ [D] 14,90

Glück, Freude oder Inspiration können nützliche Gene aktivieren - das ist das Ergebnis der Forschungen dieses Genetikers. So wird der weit verbreiteten These, das Schicksal sei bereits im Genom festgelegt, eine deutliche Absage erteilt.

**Brenda Barnaby**

# The Secret

*Das Geheimnis hinter dem Geheimnis ...*

Einen Blick hinter die Geheimnisse des Weltbestsellers "The Secret" wirft die englische Psychologin und Autorin Brenda Barnaby und liefert damit eine willkommene Ergänzung und Erweiterung, die die Erkenntnisse von "The Secret" hinterfragt und den tieferen Sinn der Erklärungen deutlicher macht. Damit ist ein Führer zum besseren Verständnis der eigenen geistigen Fähigkeiten entstanden, der es jedem erlaubt, ein Leben voller Erfolg, Wohlstand und Gesundheit zu führen.

186 Seiten, gebunden
ISBN 978-3-89845-242-7
€ [D] 17,90

Ein seltenes und wertvolles Buch, das das Leben wahrhaft verändern und geheime Wünsche realisierbar machen kann.